Frida & Co

erarbeitet von
Bärbel Blasek, Bettina Ferratusco, Monika Herb,
Kathrin Hüser, Barbara Kiesinger-Jehle,
Heidrun Rebenstorff, Carola Schäffner, Meike Volk

illustriert von
Christine Faltermayr, Jörg Hartmann, Heike Herold,
Martina Theisen, Walter Uihlein

Oldenbourg

Inhaltsverzeichnis

Ich und mein Körper

Gestern, heute und morgen

Kleider machen Leute

Diese orangefarbene Markierung bedeutet, dass es sich um eine Zusatzaufgabe handelt.

Wasser und Wetter

Leben in und an Gewässern

Reisen und Verkehr

Die Welt der Medien

Reise um die Welt

Informiere dich über die verschiedenen Feste.
Schreibe zu jedem Fest Fragen auf, die du deinen Mitspielern stellen kannst.

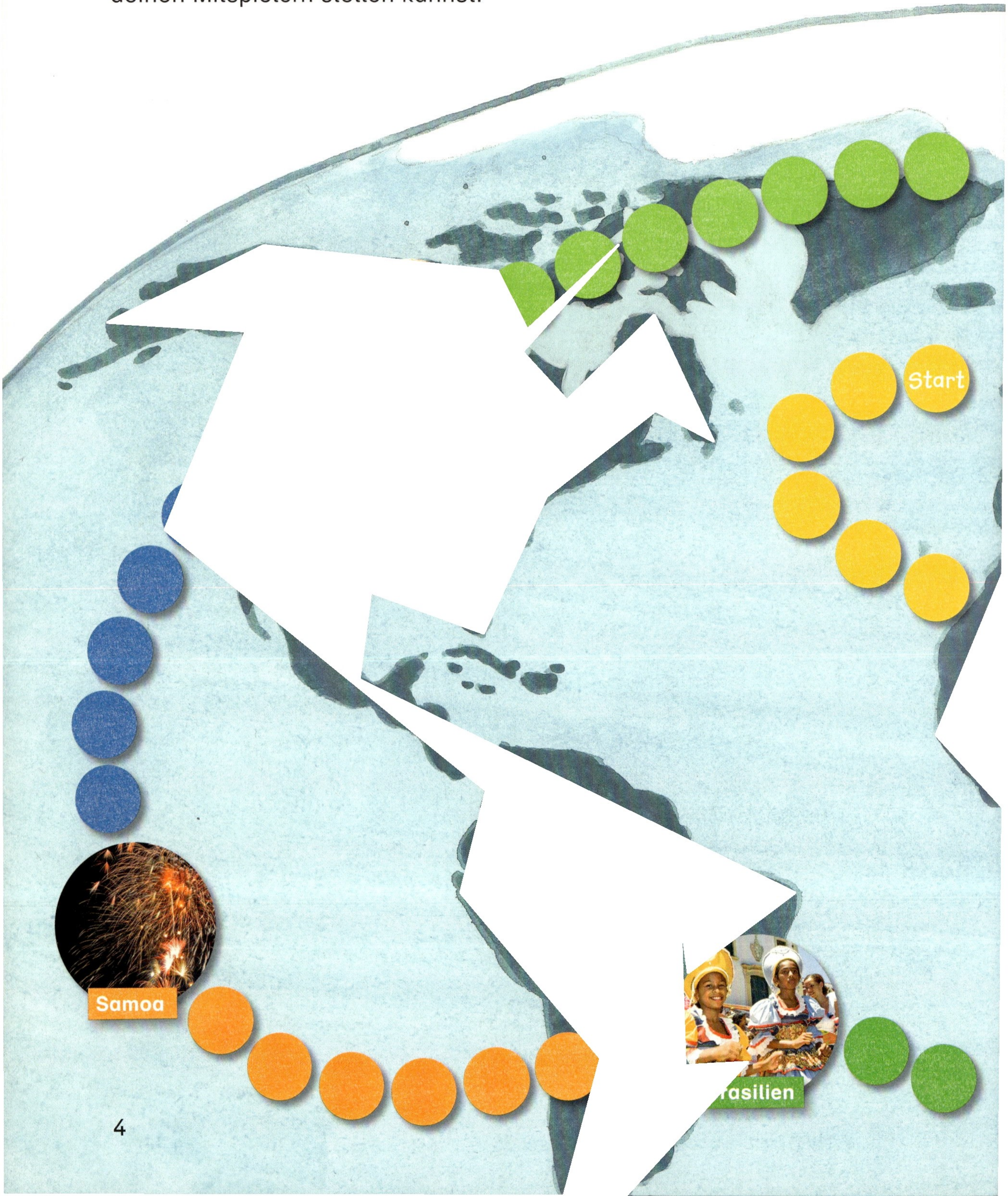

Was soll das bedeuten?

Volkstümlich

Welches ist dein Lieblingsfest? Feiert man es auch in anderen Ländern? Wie wird es dort gefeiert? Gibt es Feste, die nur bei uns gefeiert werden? Welche Feste feiert man nur in anderen Kulturen?

Ich verlasse meine Heimat

Ich heisse Rayan und bin im Irak geboren. In unserem Land herrscht schon lange Krieg. Nachdem unser Haus und das ganze Dorf zerstört wurden, mussten wir uns eine neue Heimat suchen. Wir haben in Deutschland Asyl bekommen. Wenn es im Irak nicht mehr so gefährlich ist, müssen wir zurück. Ich habe etwas Angst davor.

Ich heiße Shawn und komme aus England. Meine Familie lebt in Deutschland, weil mein Vater hier stationiert ist. Mein Vater ist Soldat bei der britischen Armee. Irgendwann müssen wir bestimmt zurück nach England. Deswegen gehe ich auch in eine Schule, in der Englisch gesprochen wird.

Ich bin Kojo und mein Vater kommt aus Swasiland. Das liegt im Süden von Afrika. Weil es in Europa bessere Ausbildungsmöglichkeiten gibt, hat mein Vater in Deutschland Medizin studiert. Als er meine Mutter kennengelernt hat, ist er in Deutschland geblieben.

Ich heiße Lena und komme aus Deutschland. Aber ich lebe mit meiner Familie in Australien, weil meine Eltern in Deutschland keine Arbeit hatten. Hier arbeitet meine Mutter als Krankenschwester und mein Vater als Bauarbeiter. Meine Schwestern und ich gehen hier zur Schule. Wir lernen Englisch, aber meine Eltern sprechen mit uns Deutsch.

Ich heiße Alina und bin in Russland geboren. Meine Vorfahren wurden vor vielen Jahren als deutsche Siedler dorthin geholt. Doch in den letzten Jahrzehnten hatte meine Familie es dort sehr schwer, weil wir weiterhin Deutsch gesprochen und unseren Glauben behalten haben. Es gab keine Arbeit mehr und meine Eltern wollten, dass wir es irgendwann mal besser haben. Deshalb wohnen wir jetzt in Deutschland.

Mein Name ist Anjali und ich komme aus Indien. Mein Vater ist ein Computerspezialist. Eine große Firma hat ihn nach Deutschland geholt. Jetzt arbeitet er daran, dass Autos mithilfe von Computern sicherer werden. Meine Verwandtschaft in Indien besuchen wir sehr oft.

Kannst du dir noch andere Gründe vorstellen, warum Menschen ihr Heimatland verlassen?

Konflikte lösen

Was kannst du tun, wenn du dich über jemanden geärgert hast?
Kennst du Möglichkeiten, selbst einen Streit zu beenden?
Spielt einen Streit nach. Wie fühlt ihr euch dabei?
Sucht gemeinsam eine Lösung oder einen Kompromiss.

Klassensprecherwahl

Jede Klasse braucht einen Klassensprecher oder eine Klassensprecherin. Er oder sie sollen die Wünsche, Probleme und Meinungen der Klasse mit den Lehrern und Mitschülern besprechen. Bei besonderen Veranstaltungen vertreten die Klassensprecher die Klasse. Manchmal nehmen sie im Namen der Klasse Preise oder Urkunden entgegen und bedanken sich.
Die Klassensprecherwahl muss demokratisch sein. Das bedeutet, dass die ganze Klasse an der Wahl beteiligt ist und jeder eine Stimme hat. So könnt ihr Klassensprecher wählen:

1. Überlegt, welche Eigenschaften gute Klassensprecher haben sollten.
2. Wen haltet ihr für geeignet?
3. Schreibt die Namen an die Tafel.
4. Sind alle Kandidaten damit einverstanden?
5. Schreibt den Namen eines Kandidaten oder einer Kandidatin auf den Stimmzettel und faltet ihn zusammen.
6. Alle Stimmzettel kommen in eine Wahlurne.
7. Wahlhelfer lesen die Namen vor und notieren an der Tafel die Anzahl der Stimmen.
8. Der Kandidat oder die Kandidatin mit den meisten Stimmen ist euer Klassensprecher oder eure Klassensprecherin.
9. Der Stellvertreter oder die Stellvertreterin wird in einem 2. Wahlgang gewählt.

Klassenrat

Jede Klasse kann Probleme und gemeinsame Unternehmungen im Klassenrat besprechen. Der Klassenrat tagt regelmäßig oder bei besonderen Anlässen. Die Leitung übernehmen meistens die Klassensprecher zusammen mit der Lehrerin. Die Tagesordnung bestimmt ihr selbst. Ihr könnt gemeinsam Konflikte lösen, Projekte planen, Regeln für die Klasse aufstellen oder ändern. Manchmal müssen auch aktuelle Fragen oder Probleme diskutiert werden. Wie könnte eure Tagesordnung aussehen?

Der Gemeinderat

Jede Gemeinde hat einen Gemeinderat. In Städten heißt er Stadtrat. Die einzelnen Räte werden von den Bürgern einer Stadt gewählt. Sie beraten und beschließen stellvertretend für die Bürger eines Ortes wichtige Angelegenheiten.

Gemeinderäte treffen sich regelmäßig zu Gemeinderatssitzungen. Dabei steht auf der Tagesordnung, welche Punkte diskutiert werden.

Tagesordnung

- Für den Sportplatz werden neue Tore benötigt.
- Der Stadtpark soll einen Teich bekommen.
- Am Stadtrand soll ein neues Kino gebaut werden.

Jedes Mitglied kann seine Meinung dazu sagen.
Danach stimmen die Gemeinderäte ab und beschließen so für die ganze Gemeinde.
Manchmal wird die Abstimmung auf die nächste Sitzung verschoben, denn die Gemeinderäte wollen sich zuvor genauer informieren.

Spielt selbst eine Gemeinderatssitzung nach.
Sucht euch ein Thema, über das ihr diskutieren wollt.
Wie würdet ihr entscheiden?

Der Bürgermeister

Jede Gemeinde hat einen Bürgermeister. Er leitet die Gemeinderatssitzungen, repräsentiert die Gemeinde und führt die Gemeindeverwaltung. Der Bürgermeister wird gewählt.

Vor jeder Wahl gibt es einen Wahlkampf. Die Kandidaten werben für sich mit Plakaten, Anzeigen und Broschüren. Sie laden die Bürger zu Wahlveranstaltungen ein. Damit informieren sie die Wähler, was sie für die Gemeinde tun wollen.

Plant einen Wahlkampf.
Wie wollt ihr die Menschen überzeugen, euch zu wählen?

Bereitet einen Besuch beim Bürgermeister vor:

- Termin vereinbaren
- Fragen überlegen
- Weg zum Rathaus festlegen
- ...

Zusammenleben in der Gemeinde

In einem Ort leben viele Menschen zusammen.
Damit das Zusammenleben gut funktioniert, ist die
Gemeinde für verschiedene Aufgaben zuständig.

Kennst du weitere Aufgaben?

Damit die Gemeinde ihre Aufgaben erfüllen kann, braucht sie Mitarbeiter, Maschinen und Material. Das kostet viel Geld. Darum müssen die Bewohner und die Geschäftsinhaber eines Ortes Steuern und Gebühren bezahlen.

Hundesteuer

Müllgebühren

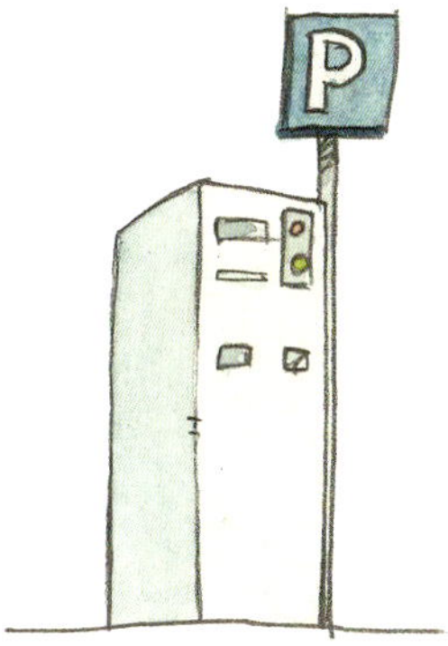

Parkgebühren

Abwassergebühren

Gewerbesteuer

Grundsteuer

Informiere dich über diese Steuern und Gebühren.
Versuche zu erklären, wofür man sie bezahlt.
Welche Steuern und Gebühren gibt es noch?

Die Klasse 4b will im Stadtpark den Teich untersuchen. Dabei fällt ihnen auf, dass das Wasser verschmutzt ist, Müll darin schwimmt und fast keine Tiere mehr dort leben. Im Unterricht haben sie erfahren, dass die Gemeinde für den Stadtpark verantwortlich ist. Deshalb wollen sie die Gemeinde auf das Problem aufmerksam machen.

Welche Möglichkeiten haben sie, der Gemeinde ihr Anliegen mitzuteilen?

Wie kannst du dich selbst dafür einsetzen?

Im Rathaus

Im Rathaus findest du die Gemeindeverwaltung. Sie ist auf mehrere Räume verteilt. Die Menschen, die dort arbeiten, haben unterschiedliche Aufgaben.

Büro des Bürgermeisters
Bauamt
Einwohnermeldeamt
Gemeindekasse
Sitzungssaal
Standesamt

Nicht in jedem Rathaus ist die Aufteilung gleich.
Informiere dich über die Gemeindeverwaltung in deinem Ort.
Ordne zu, wer dafür zuständig ist:

Das Heimatmuseum plant eine neue Ausstellung.

Die Grundschule bekommt einen Beamer.

Toms Bruder möchte heiraten.

Die Müllgebühren müssen bezahlt werden.

Frau Huber möchte für ihren Sohn einen Kinderausweis beantragen.

Familie Lang ist neu in den Ort gezogen.

Eine neue Straße soll gebaut werden.

Inci hat eine Schwester bekommen.

Das Hallenbad soll interessanter werden.

Lukas hat seinen Schlüssel verloren.

Fundbüro

Kulturamt

Alle Kinder haben Rechte

Kinder haben das Recht

- auf Bildung und Ausbildung
- auf Gleichbehandlung
- auf ein sicheres, liebevolles Zuhause
- auf gute Betreuung und Hilfe bei Behinderung
- auf eine Erziehung ohne Gewalt und Ausbeutung
- auf Freizeit, Spiel, Bewegung und Ruhe
- auf Schutz vor Grausamkeiten im Krieg und auf der Flucht
- auf Information, um sich so eine eigene Meinung bilden zu können und damit gehört zu werden
- auf den Schutz ihrer Gesundheit
- auf Schutz der Privatsphäre

aus der UN-Kinderrechtskonvention 1989

Diskutiert über die Fotos:
Welche Rechte werden verletzt?
Wie kannst du mithelfen, diese Rechte umzusetzen?

Waldansichten

Wald von außen

Wald von oben

Vergleiche die vier Ansichten. Welche Unterschiede erkennst du?
Welche Gemeinsamkeiten siehst du?

Mitten im Wald

Wald von unten

Welche Waldtiere kennst du? Wo halten sie sich meist auf?
Wie sieht der Wald von dort aus?

Den Wald erkunden und erfahren

Die Klasse 3b unternimmt einen Ausflug in den Wald.
Die Kinder unterhalten sich und lachen laut.
Am Waldesrand angekommen entdecken sie ein Schild.

Warum sollen die Kinder im Wald leise sein?

Die Kinder bekommen den Auftrag, Gegenstände zu sammeln, die ihrer Ansicht nach zu einem Baum gehören. Dabei sollen sie nur aufheben, was bereits auf dem Boden liegt und keine Zweige, Blätter, Blüten oder Früchte abreißen.

Schreibe auf, was du im Wald siehst, hörst, riechst und fühlst. Benutze ein Bestimmungsbuch, um die Namen der Pflanzen und Tiere aufschreiben zu können.

Im Wald kann ich	sehen	riechen	hören	fühlen
Tannennadeln	X	X		X
Walderdbeere				
Eichhörnchen				

Pflanzen des Waldes

Im Wald wachsen:

Bäume

Tanne

Kräuter

Waldmeister

Sträucher

Brombeerstrauch

Pilze

Steinpilz

Moose

Kegelmoos

Farne

Wurmfarn

Es gibt verschiedene Waldarten:

Nadelwald

Laubwald

Mischwald

Erkläre die Begriffe.

Pilze

Zunderschwamm wächst häufig auf Rotbuchen, Birken und Pappeln. Der Pilz entzieht dem Baum Nährstoffe. Weil der getrocknete Zunderschwamm sehr leicht entzündlich ist, wurde er schon in der Steinzeit verwendet, um Feuer zu machen.

Die **Schmetterlingstramete** zersetzt totes Holz, abgestorbene Laubblätter und Nadeln. Sie ist deshalb sehr wichtig, um den Wald von seinem eigenen Abfall zu befreien.

Der **Fliegenpilz** gehört zu den Ständerpilzen. Bei jungen Pilzen ist der Hut halbkugelig, später flach. Der Hut ist rot und trägt weiße Hüllreste. Er wird 5 bis 30 cm breit. Der Stiel kann 6 bis 20 cm lang werden. Der Verzehr von Fliegenpilzen kann tödlich sein.

Der **Braunhaarige Tintling** verändert die Form seines Hutes mit zunehmendem Alter von eichelförmig über glockig zu flach. Der Hut wird bis zu 4,5 cm breit, der Stiel kann bis zu 12 cm lang werden.

Bei dem gelben **Pfifferling** handelt es sich um einen beliebten Speisepilz. Er schmeckt würzig und scharf. Der Hut des Pfifferlings wird etwa 3 bis 5 cm groß, der Stiel bis zu 6 cm lang.

Baumarten erkennen

Ordne zu.

Die Birke

Baumart: sommergrüner Laubbaum
Aussehen: die Zweige hängen nach unten, der Stamm kann bis zu 1 m dick werden
Blätter: dreieckig bis drachenförmig, lang zugespitzt, klebrig
Früchte: Nussfrüchte mit breiten Flügeln
Wuchshöhe: bis 30 m
Rinde: weiß, längs eingerissen und dort schwarz, tief gefurcht

Die Kiefer

Baumart: immergrüner Nadelbaum
Aussehen: hoher Stamm, hoher Wipfel
Blätter: nadelförmig (paarweise gebündelt)
Früchte: Zapfen
Wuchshöhe: 15 bis 40 m
Rinde: im oberen Bereich orange-rötlich, im unteren Bereich rot-braun

Die Eiche

Baumart: sommergrüner Laubbaum
Aussehen: der Stamm wirkt wie eine Säule und kann einen Durchmesser von bis zu 150 cm erlangen
Blätter: gelappt, Blattrand mit tiefen Wellen, glattrandig, z.T. leicht behaart, lederartig
Früchte: Eicheln (ovale Nussfrüchte mit einem Fruchtbecher/einer Kappe)
Wuchshöhe: bis 40 m
Rinde: von dunkelbraun bis braungrau, tief gefurcht

Die Buche

Baumart: sommergrüner Laubbaum
Aussehen: mächtiger Stamm, dicht geschlossenes Laubdach, enge Verzweigung
Blätter: eiförmig
Früchte: Bucheckern (braune Nussfrüchte)
Wuchshöhe: 25 bis 30 m
Rinde: bleigrau, glatt

Suche unbekannte Begriffe und finde heraus, was sie bedeuten.

Lösung: 1aei, 2dfg, 3cjk, 4bhl

Der Wald blüht

Vergleiche die zwei Waldansichten. Was fällt dir auf?

Frühblüher

Buschwindröschen: mehrjährige Pflanze
Blühzeit: ab Anfang März bis April
Vorkommen: in Laub- und Mischwäldern
Speicherorgan: Wurzelstock
Besucher der Blüten: Bienen und Fliegen
Verbreitung der Samen: durch Ameisen

Märzenbecher: mehrjährige Pflanze, heißt auch Frühlingsknotenblume
Blühzeit: ab Anfang März, schiebt seine Blütenköpfe auch durch eine Schneedecke
Vorkommen: in Laubwäldern
Speicherorgan: Zwiebel
Besucher der Blüten: Bienen, Hummeln, Tagfalter
Geschützte Pflanze – Vorsicht: giftig!

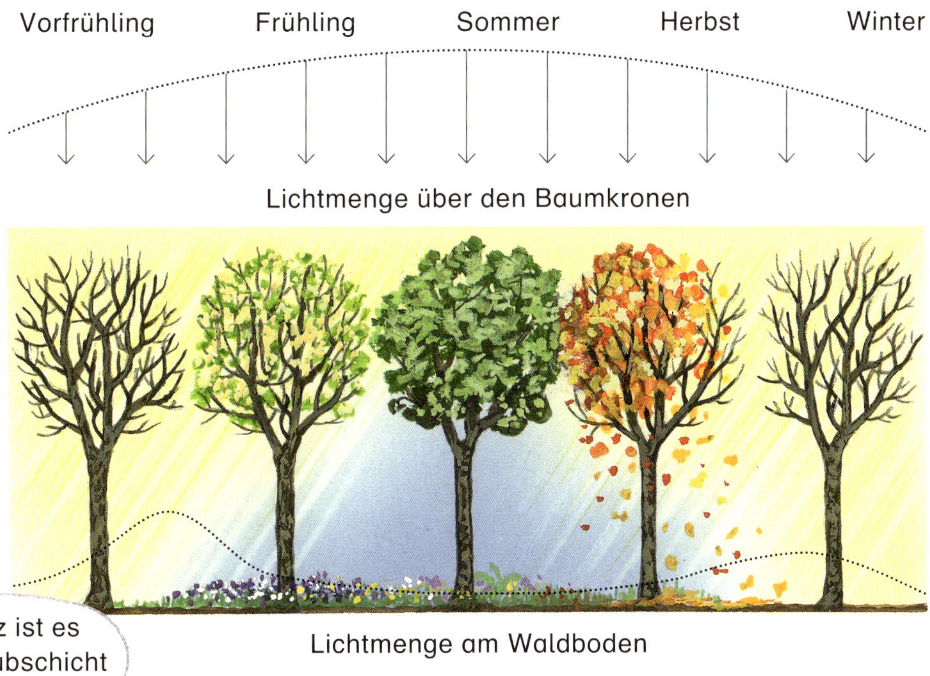

Leberblümchen: mehrjährige Pflanze
Blühzeit: von März bis April
Vorkommen: in Laubwäldern
Speicherorgan: Wurzelstock
Geschützte Pflanze
Vorsicht: frische Pflanze: giftig!
Getrocknete Pflanze: ungiftig

Scharbockskraut: mehrjährige Pflanze
Blühzeit: von März bis Mai
Vorkommen: in Mischwäldern
Speicherorgan: Wurzelknöllchen
Besucher der Blüten: Bienen und Fliegen

Kannst du erklären, unter welchen Bedingungen Frühblüher blühen? Findest du Frühblüher in Nadelwäldern? Erstelle weitere Steckbriefe.

Nahrungsbeziehungen im Eichenwald

Die Eiche bietet Tieren auf und um den Baum herum Nahrung und Wohnraum. Welchen Teil der Eiche nutzen die verschiedenen Tiere?

Die Eiche steht am Anfang einer Nahrungskette. Schau dir an, wovon die abgebildeten Tiere sich jeweils ernähren. Lies die Infotexte in den Perlen. Erstelle dann eine Nahrungskette nach dem abgebildeten Beispiel.

Suche mehr Informationen und erweitere die gezeigten Nahrungsbeziehungen.

Der Wald im Winter

Einige Tiere beginnen im Herbst, Vorräte zu sammeln. Zusätzlich fressen sie sich eine Speckschicht an. Viele dieser Tiere schlafen im Winter Tage oder Wochen hindurch in ihren Bauten. In bestimmten Abständen wachen sie auf, fressen von ihren Vorräten und lassen Kot und Urin ab. Diese Tiere, z.B. Eichhörnchen und Dachs, halten Winterruhe. Ihre Körpertemperatur sinkt im Schlaf nicht ab.

Manche Tiere versinken in einen Winterschlaf, der einige Monate dauern kann. Ihre Körpertemperatur sinkt dann stark ab. Um in dieser Zeit nicht zu verhungern, haben sie sich vorher eine dicke Speckschicht angefressen. Zwischendurch wachen sie auf, geben Urin und Kot ab oder wechseln die Schlafposition. Sie nehmen aber keine Nahrung zu sich. Winterschläfer sind z.B. Igel, Fledermaus, Siebenschläfer und Haselmaus.

Tiere, deren Körpertemperatur von der Temperatur der Umgebung abhängt, suchen sich für den Winter geschützte Plätze. Dort fallen sie in eine Winterstarre. Je kälter es wird, desto stärker sinkt ihre Körpertemperatur ab. Sie werden bewegungsunfähig. So überwintern z.B. Regenwurm, Grasfrosch und Marienkäfer.

Winteraktive Tiere bleiben den ganzen Winter hindurch wach. Um vor Kälte geschützt zu sein, bekommen sie im Herbst ein dichtes Winterfell. Sie fressen sich eine Speckschicht an, da sie im Winter wenig Nahrung finden. Zu den winteraktiven Tieren gehören Reh, Wildschwein, Fuchs, Iltis und Hase.

Tiere, die Winterruhe oder Winterschlaf halten, rollen sich ein. Kannst du erklären, wofür diese Schlafhaltung nützlich ist?

- Wie überwintern Vögel?

Der Mond ist aufgegangen

Text: Matthias Claudius
Musik: Johann Abraham P. Schulz

Fledermäuse können nur schlecht sehen. Um ihre Umgebung dennoch wahrzunehmen, stoßen sie Ortungslaute aus. Wenn diese Ortungslaute auf Tiere, Pflanzen, Steine usw. treffen, wird ein Echo zur Fledermaus zurückgeworfen. Das Echo ist jeweils unterschiedlich. Daran erkennt die Fledermaus Hindernisse oder auch ihre Beutetiere.

Welche Sinne helfen nachtaktiven Tieren, sich in der Dämmerung und Dunkelheit zurechtzufinden?
Wie sind nachtaktive Tiere an ein Leben in der Dunkelheit angepasst?

Ideen für unser Waldfest

Bunt sind schon die Wälder

Text: Johann Gaudenz von Salis-Seewis
Musik: Johann Friedrich Reichardt

Waldausstellung gestalten

Waldinstrumente bauen
Den Klang unterschiedlicher Holzarten ausprobieren

Verschiedene Holzarten erfühlen

Rezept für Brombeerkuchen

Du brauchst:
1 Becher Joghurt (250 g), 250g Zucker, 4 Eier, 1 Päckchen Vanillezucker, 500g Mehl, 125g Öl (neutraler Geschmack), 1 Päckchen Backpulver, 500g Brombeeren

Rühre Joghurt, Zucker, Vanillezucker und die Eier schaumig. Füge das Öl dazu. Mische das Backpulver unter das Mehl. Rühre nun nach und nach das Mehl ein. Verstreiche den Teig auf einem gefetteten Backblech. Lege die Brombeeren auf den Teig. Backe den Kuchen bei 170 Grad 25 bis 30 Minuten.

Der Winter ist vorüber

Text und Musik: aus dem Tessin
dt. Textfassung: Kurt Suttner
Edition Hieber im Allegra-Musikverlag: Frankfurt/Main o. J.

Waldversuche

Welche Aufgabe erfüllen die Baumwurzeln im Waldboden?

Welche Bedeutung hat Moos für den Wald?

Die zwei Wurzeln

Zwei Tannenwurzeln groß und alt
unterhalten sich im Wald.

Was droben in den Wipfeln rauscht,
das wird hier unten ausgetauscht.

Ein altes Eichhorn sitzt dabei
und strickt wohl Strümpfe für die zwei.

Die eine sagt knig,
die andere sagt knag.
Das ist genug für einen Tag.

Christian Morgenstern

Wald nutzen und pflegen

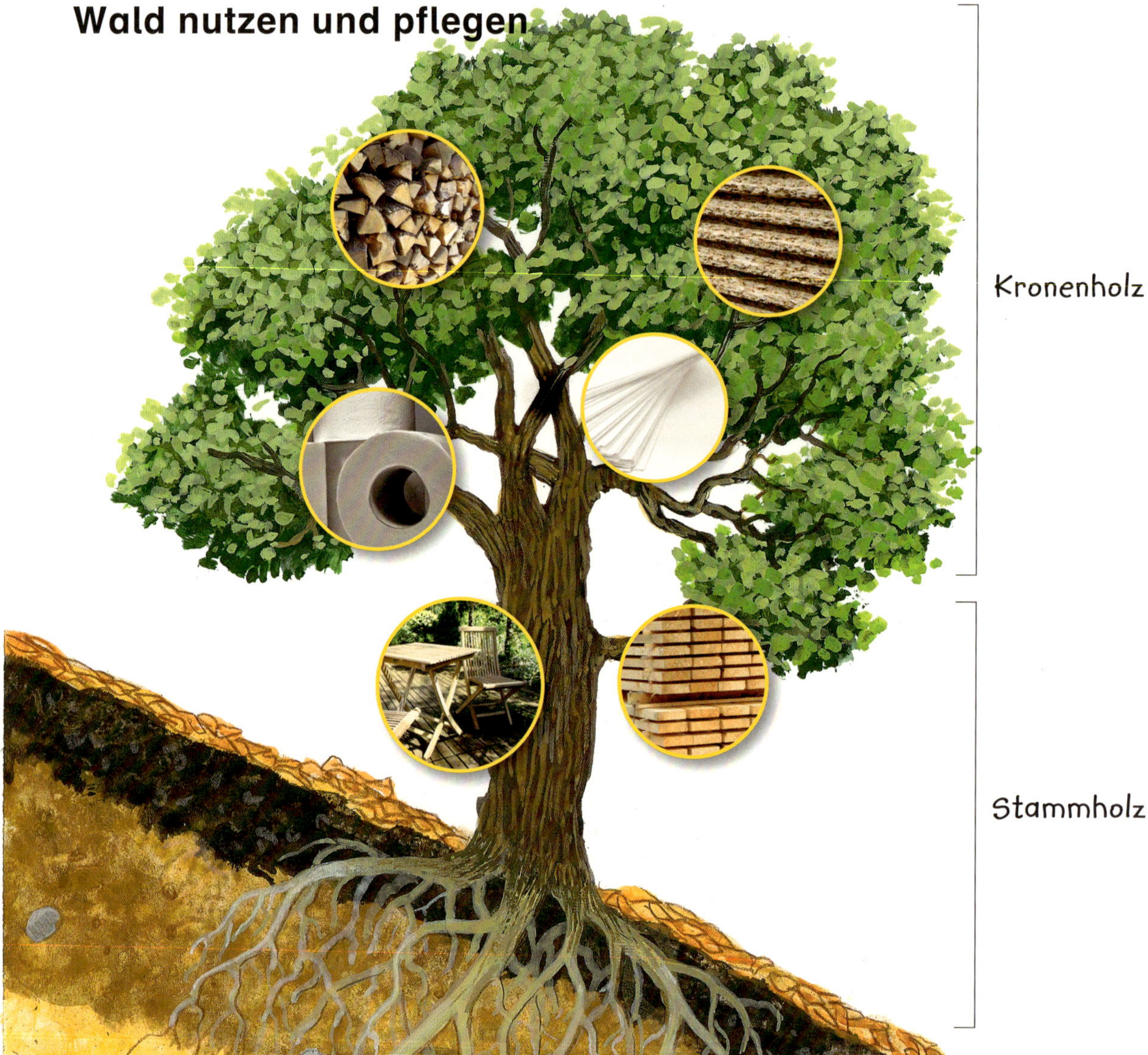

Aus Holz werden vielfältige Produkte hergestellt. Besonders für den Hausbau benötigt man hochwertiges Holz. Dafür eignet sich nicht jeder Baum. Der Förster sucht Bäume, die gerade wachsen und wenige Äste am Stamm bilden. Diese Bäume nennt man **Zukunftsbäume**. Sie werden mit einem Zeichen markiert. Damit ein Zukunftsbaum sich optimal entwickeln kann, werden die Bäume in seiner Umgebung gefällt, die krumm sind oder viele Äste am Stamm haben. Kannst du erklären, warum das sinnvoll ist? Welche Produkte aus Holz kennst du noch? Schau sie dir genau an. Warum wird Baumholz für die Verarbeitung als hochwertig bezeichnet, wenn keine Äste daran vorhanden sind?

Die Holzernte beginnt im Herbst und endet im Winter. Warum wählt man zum Fällen der Bäume diesen Zeitraum und nicht etwa den Frühling?

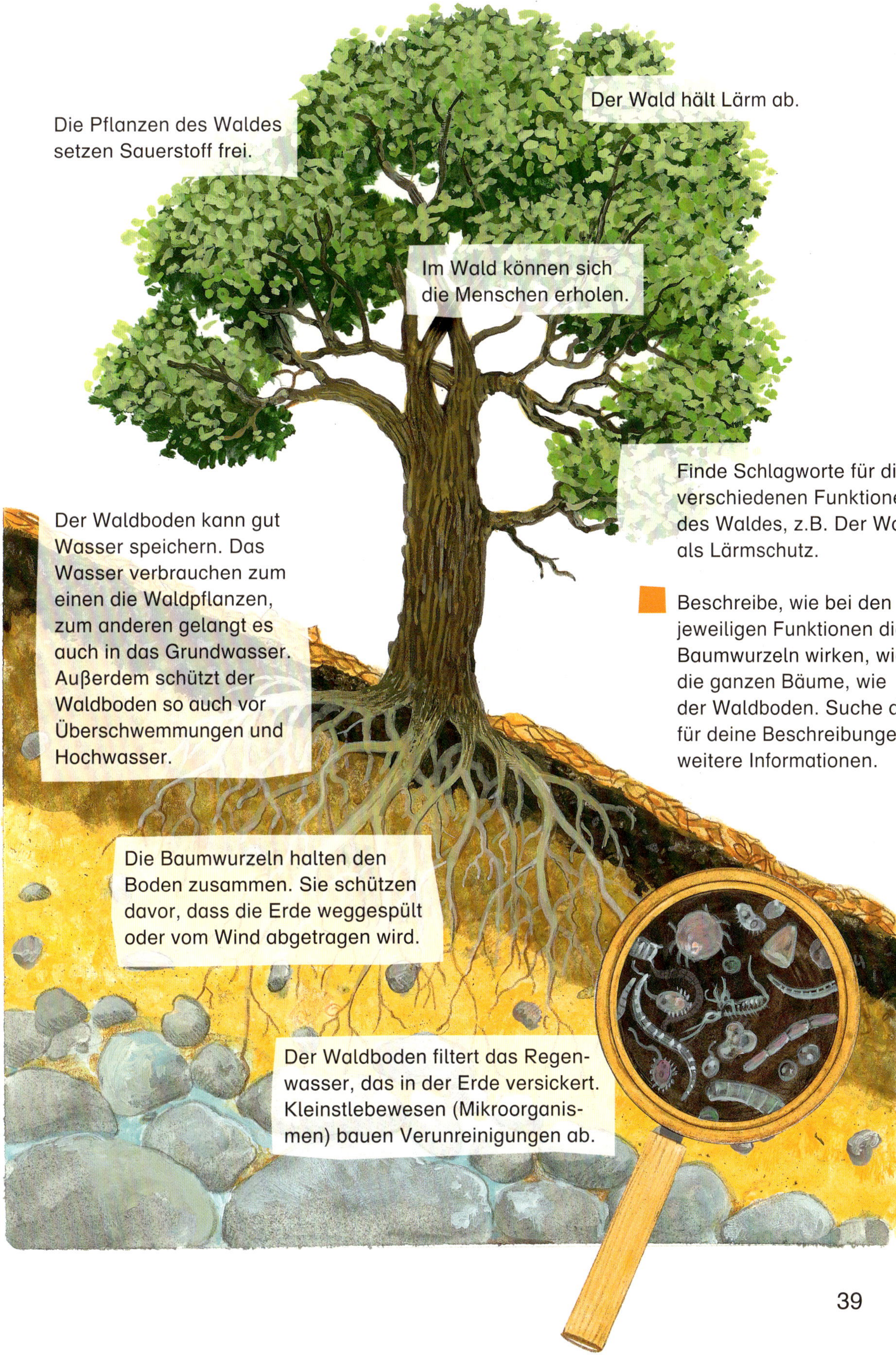

Finde Schlagworte für die verschiedenen Funktionen des Waldes, z.B. Der Wald als Lärmschutz.

Beschreibe, wie bei den jeweiligen Funktionen die Baumwurzeln wirken, wie die ganzen Bäume, wie der Waldboden. Suche dir für deine Beschreibungen weitere Informationen.

Ein Ort von oben

Sucht ein Bild von eurem Heimatort im Internet.

- Wie könnt ihr überprüfen, ob das Bild wirklich euren Ort zeigt?

Wege gehen, als Modell nachbauen ...

Die Kinder versuchen herauszufinden, ob dieses Bild tatsächlich ihren Ort von oben zeigt. Dazu gehen sie einige Straßen in der Nähe ihrer Schule ab, die sie auf dem Luftbild gesehen haben. Jedes Haus wird von einem Kind abgezeichnet. Die Kinder achten darauf, in ihrer Skizze die Straße, den Straßennamen und die Hausnummer einzutragen. Kreuzen sich zwei Straßen, zeichnen sie beide ein und beschriften sie.

Wieder im Klassenzimmer, legen sie ihre Skizzen so aneinander, wie die Häuser in Wirklichkeit stehen. Einige vergleichen den Plan mit dem Luftbild. Andere beginnen, den großen Plan vom Boden mit allen Häusern und Straßen abzuzeichnen.

Einige bauen die Häuser aus Bauklötzchen mit bunten Dächern nach. So können sie sich besser vorstellen, wie die Häuser von oben aus der Vogelperspektive aussehen. Sieh dir das Modell von oben an und zeichne nun deinen Lageplan.

Erstelle von deinem Ort einen Lageplan.

... und einen Plan zeichnen

Die Kinder wollen auch besondere Häuser, Parks oder Haltestellen einzeichnen. Dafür einigen sie sich auf einheitliche Zeichen. Die Zeichen und die Erklärung dazu nennt man Legende.

Hier siehst du zwei unterschiedliche Lagepläne:

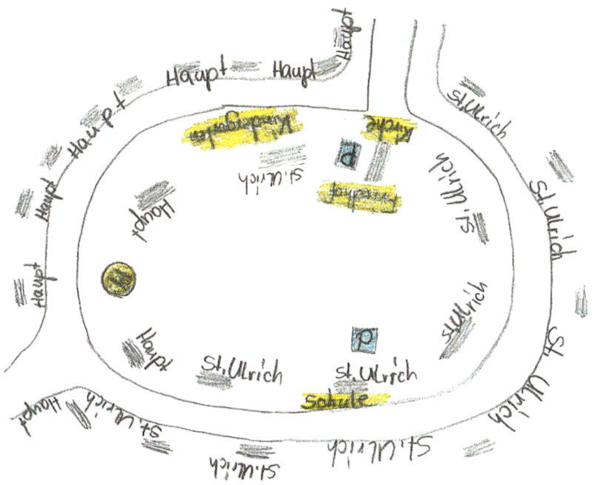

Hier siehst du einen Ortsplan. Vergleiche.

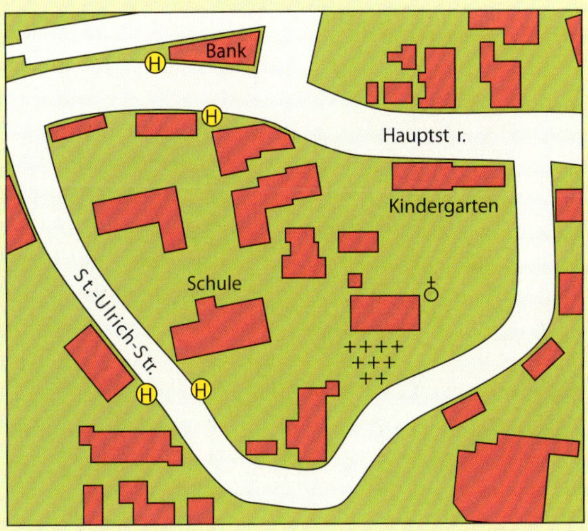

Legende:

- +++ ++ Friedhof
-)) Straße
- ♁ Kirche
- Ⓗ Haltestelle

Bringt Karten und Pläne mit.
Welche Kartenzeichen werden dort verwendet?

Himmelsrichtungen auffinden

Im Norden sieht man die Sonne bei uns nie.

Morgens findest du die Sonne im Osten. Der Schatten fällt lang nach Westen.

Gegen Abend steht die Sonne im Westen. Lange Schatten fallen nach Osten.

Mittags steht die Sonne hoch über dir im Süden. Kurze Schatten fallen nach Norden.

Bestimme mithilfe der Sonne und des Schattens die vier Himmelsrichtungen von der Schule aus, von zu Hause aus, ...

Auf Landkarten, Stadtplänen und unserem Foto im Internet ist Norden immer oben. Um dir merken zu können, wo die anderen Himmelsrichtungen liegen, hilft dir dieser Spruch:

Nie

Waschen Ohne

Seife

Schau dir die Luftbilder noch einmal an. Kannst du bestimmen, zu welcher Tageszeit sie aufgenommen wurden?

Orientieren ohne Sonne

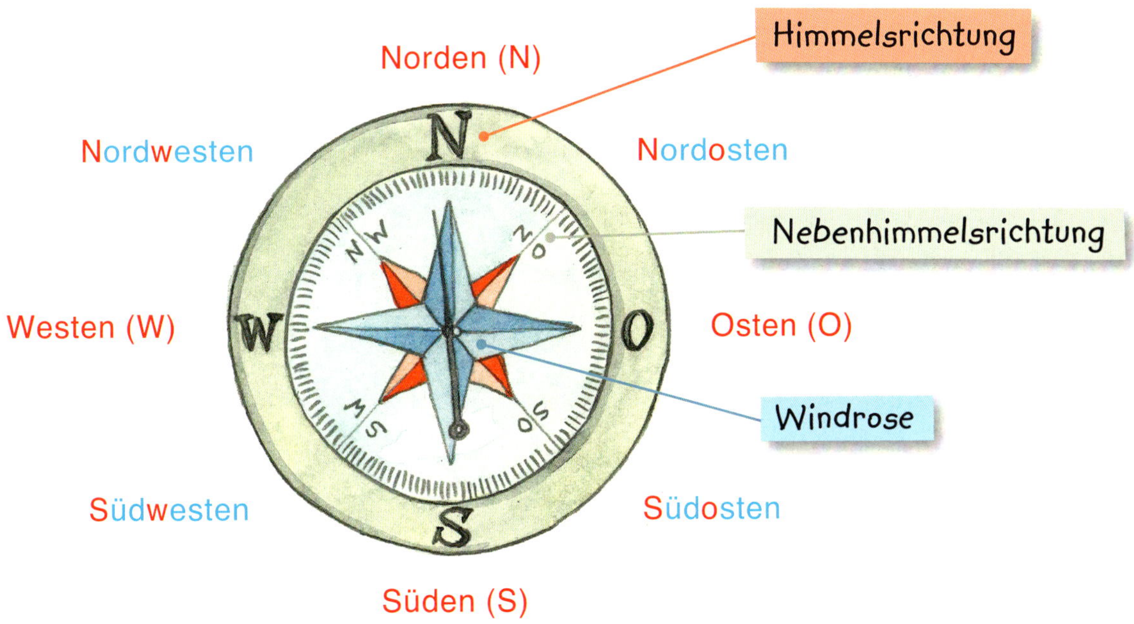

Die Spitze der beweglichen, magnetischen Kompassnadel zeigt immer nach Norden. Halte den Kompass ruhig und warte, bis die Nadel sich nicht mehr bewegt. Drehe nun das Gehäuse so lange, bis die Spitze der Nadel genau über der Himmelsrichtung Norden liegt. Nun kannst du an der Windrose die anderen Himmelsrichtungen ablesen. Mit dem Kompass kannst du eine **Landkarte einnorden**.

Es gibt noch viele andere Möglichkeiten, sich zu orientieren. Informiere dich.

Wir planen einen Wandertag

N
W
O
S
Wohin?
Möglichst nur Wege benutzen
Wandertag
Höchstens zwei Stunden laufen
Nicht auf Berge
In einer Stunde schaffen wir ungefähr 4 km.
Tom hat erst seit gestern keinen Gipsbein mehr. Er kann nur mitkommen, wenn wir nicht auf Berge steigen.
WANDERN
MUSEUMSFÜHRER
ZOO
Länger als zwei Stunden sollte der Rückweg nicht dauern, sonst kommen wir zu spät heim.

Verschiedene Karten lesen und verstehen

Karten zeigen dir auf unterschiedliche Weise, ob das Gelände flach oder steil ist.

Panoramakarte

Die abgebildete Karte zeigt einen Teil der Alpen von schräg oben und verwendet verschiedene Farben, um zu zeigen, wie hoch die Berge sind.

Ausschnitt aus KOMPASS Karte 349 Alpenpanorama von Prof. H.C. Berann

Suche Seen, die in der Ebene liegen und solche, die im Gebirge sind.
Gib die Himmelsrichtung an, in der du sie findest.
Welche Städte liegen in tiefen Tälern?

Höhenschichtenkarte

Hier geben nur die Farben Auskunft darüber, wie hoch ein Ort liegt. Grün bedeutet, dass alles ganz flach ist. Gelb und hellbraun geben an, dass die Orte höher liegen und dass das Gelände hügeliger wird. Dunkelbraun zeigt an, dass es sich um ein Hochgebirge handelt.

Welche Berge oder höherliegende Gebiete findest du auf der Karte?
Suche Städte, die in der Ebene liegen.
Welche Städte liegen an einem Gewässer?

Höhenlinien begreifen

Hier wollen Kinder eine Karte von einem Berg erstellen. Dazu bauen sie sich einen Modellberg aus Sand in einer Kiste. Rund um den Berg legen sie im Höhenabstand von 2 cm Wollfäden. Über die Kiste legen sie eine Folie und zeichnen den Verlauf der Schnüre ab.

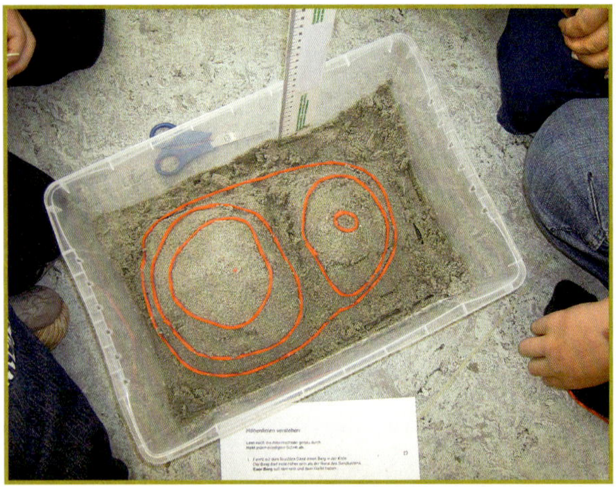

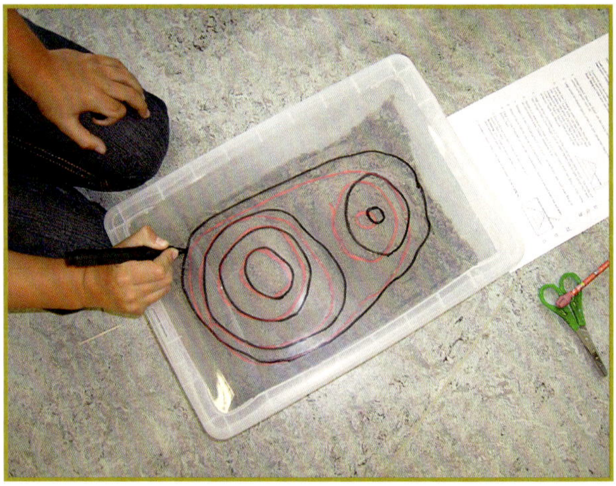

Sobald alle Linien abgezeichnet sind, nehmen sie die Folie ab und legen sie auf weißes Papier. Nun können sie durch die Linien erkennen, wie hoch ihr Berg ist und wie er ansteigt. Diese Linien nennt man Höhenlinien.

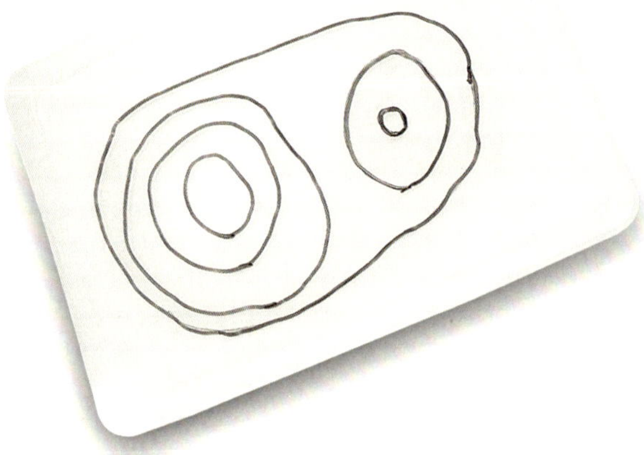

Was bedeutet es, wenn die Linien sehr eng beieinander liegen?
Was heißt es, wenn sie sehr weit voneinander entfernt sind?

So sieht eine Karte mit Höhenlinien aus:

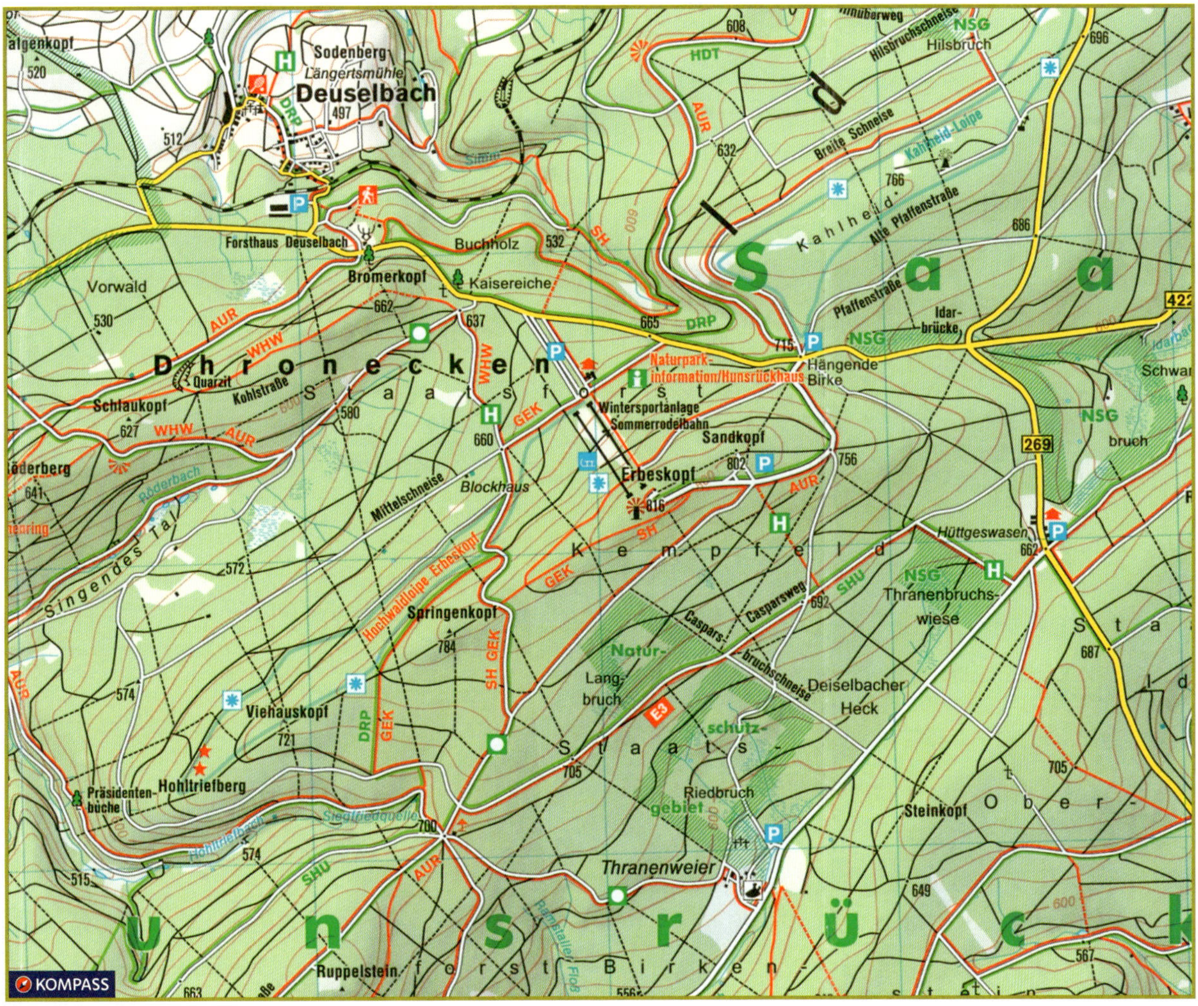

Ausschnitt aus KOMPASS Karte WK 834 Mosel Region Trier

Kartenzeichner habe lange überlegt, wie sie Berge zeichnen können. Sie verwenden dazu Höhenlinien. Jede Linie verbindet die Orte, die auf gleicher Höhe liegen. Beim höchsten Punkt steht dabei, wie hoch er liegt. In der Legende kannst du nachlesen, in welchem Höhenabstand die Linien gezeichnet sind. Eng aneinander liegende Linien zeigen an, dass es an der Stelle steil hinauf geht. Liegen die Linien weit auseinander, ist die Steigung flacher.

Bringt Karten mit. Wo findet ihr Höhenlinien?
Wie groß ist der Höhenunterschied zwischen den Linien?

Maßstab verstehen

Auf jeder Karte wird die Wirklichkeit verkleinert dargestellt.
Der Maßstab gibt an, um wie viel verkleinert die Darstellung ist.
Maßstab 1:1 (sprich: eins zu eins):
Hier ist der Bleistift so groß wie in Wirklichkeit.

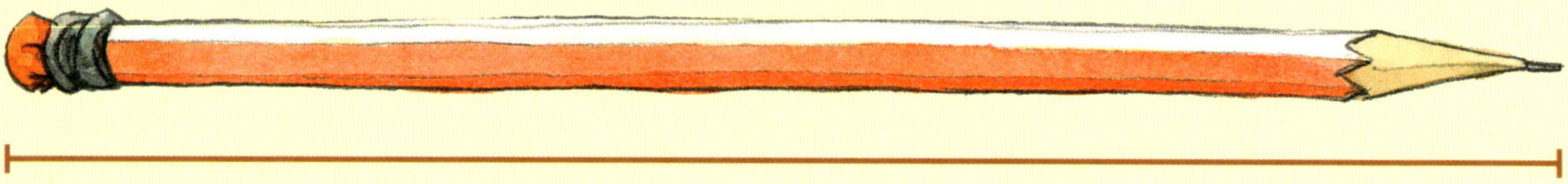

Lege dein Lineal an und miss ab, wie lang der Bleistift ist.

Maßstab 1:2 (sprich: eins zu zwei):
Hier ist der Bleistift verkleinert abgebildet. In Wirklichkeit ist er zweimal so groß wie auf dem Bild. Miss ab, wie lang der Bleistift auf dem Bild ist. Nimm das Ergebnis mal zwei. Wie lang ist der Bleistift in Wirklichkeit?

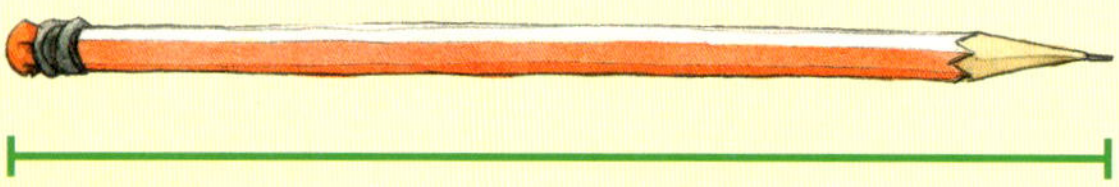

Maßstab 1:5 (sprich: eins zu fünf):
Der Bleistift ist in Wirklichkeit fünfmal größer als hier auf dem Bild. Miss ab, wie lang der Bleistift auf dem Bild ist. Multipliziere das Ergebnis mit der Maßstabszahl. Wie lang ist der Bleistift wirklich?

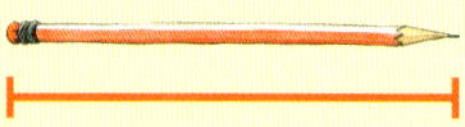

Maßstab 1:10 (sprich: eins zu zehn):
Hier siehst du einen Bleistift, der auf dem Bild zehnmal kleiner ist als in Wirklichkeit. Kannst du nun schon alleine ausrechnen, wie lang er ist?

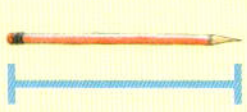

Wie lang wäre unser Bleistift auf dem Bild bei einem Maßstab von 1:3?

Je kleiner der Maßstab (die Maßstabszahl wird größer), desto kleiner wird das Bild vom Bleistift. Einzelheiten sind fast nicht mehr zu erkennen. So ist das auch auf einer Karte.

Hier siehst du drei unterschiedliche Karten mit den Maßstäben 1:25 000, 1:50 000 und 1:100 000.
Kannst du die Maßstäbe den Karten richtig zuordnen?

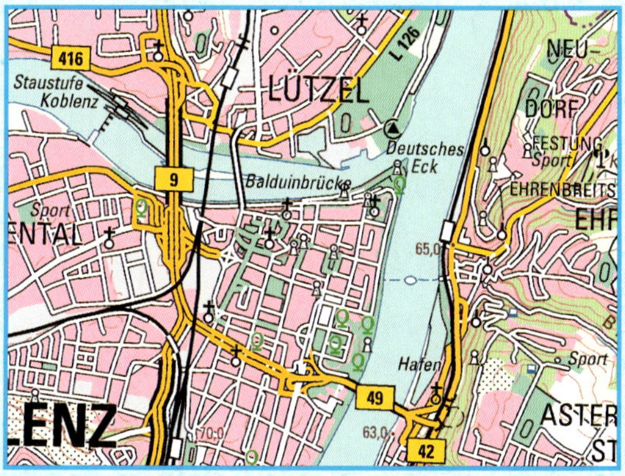

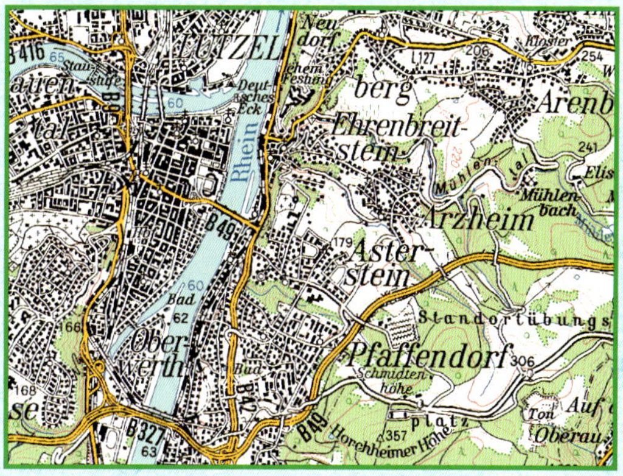

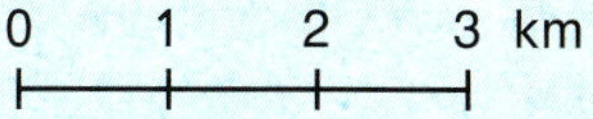

Hier siehst du die Maßstabsleiste der Karte mit dem Maßstab 1:100 000. Mit ihr kannst du abmessen, wie weit das Deutsche Eck von der Horchheimer Höhe entfernt ist. Miss mit einem Lineal auf der Karte nach. Lege das Lineal an die Maßstabsleiste. Lies die Entfernung ab.

- Bestimme Entfernungen auf Karten eurer Umgebung.

Rheinland-Pfalz ...

Rheinland-Pfalz liegt im Westen Deutschlands und hat etwa 4 Millionen Einwohner. In der Landeshauptstadt Mainz erfand Mitte des 15. Jahrhunderts Johannes Gutenberg den Buchdruck.
Mit Trier und Worms liegen zwei der ältesten Städte Deutschlands in Rheinland-Pfalz. Auf dem Donnersberg bauten die Kelten schon 150 vor Christus ihre größte Burganlage. In keinem anderen Bundesland finden sich so viele Burgen und Schlösser wie hier entlang der Mosel und des Rheins.
Der höchste Berg in Rheinland-Pfalz ist der Erbeskopf mit 816 m.

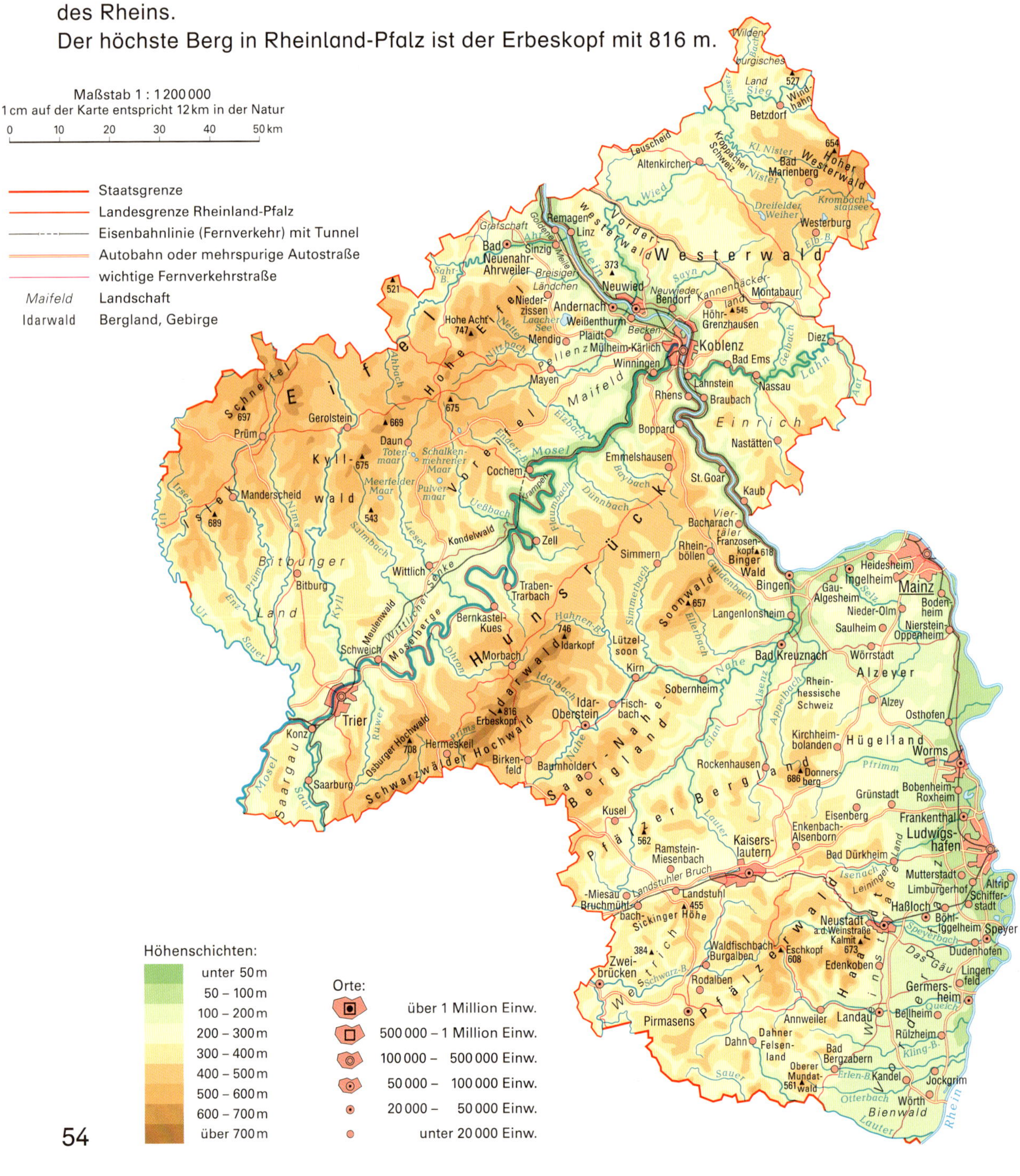

... im Westen Deutschlands

Deutschland …

Der 3. Oktober ist unser Nationalfeiertag.

Unsere Nationalhymne

Text: August Heinrich Hoffmann von Fallersleben, Musik: Joseph Haydn

Deutschland ist ein Teil Europas. Zu Europa gehören über vierzig Länder. Hast du schon die Nationalhymnen von anderen Ländern gehört?
Europa ist kein großer Kontinent, trotzdem leben über 700 Millionen Menschen hier.

...im Herzen Europas

Was weißt du über unsere europäischen Nachbarländer? Kennst du ihre Flaggen?

Welche europäischen Sehenswürdigkeiten kennst du?

Fremde Länder – andere Schulen

Ordne die Bilder den Texten zu. Suche die Länder in einem Atlas.

b

In Burkina Faso in **Afrika** geht Julinho zur Schule. Obwohl er erst 7 Jahre alt ist, muss er den 6 km langen Schulweg laufen. In der Schule lernt er neben lesen, rechnen und schreiben auch, wie man Seile herstellt, Gemüse anbaut oder Tiere richtig versorgt. Die Mädchen lernen, wie man Kleider näht. Gut gefällt Julinho, wenn sie tanzen oder selbst Instrumente bauen.

a

Deepak lebt in **Indien**. Er kann nur abends den Unterricht besuchen. Tagsüber muss er arbeiten. Nach dem Essen nimmt er sein Heft und den Bleistift und läuft zur Schule. Im Klassenzimmer sitzen 40 Kinder auf dem Boden. Weil alle Kinder müde sind, wird immer nur 10 Minuten gerechnet oder gelesen und dazwischen ein Lied gesungen.

3

4

c

Joanne ist in **Australien** auf einer Farm zu Hause. Ihre nächsten Nachbarn wohnen 120 km weit weg. Ihre Schule ist noch weiter entfernt. Dort kann sie nicht täglich hin, deshalb wird sie am Computer unterrichtet. Immer zur gleichen Zeit muss sie sich bei ihrem Lehrer melden und bekommt ihre Aufgaben. Ihre Mutter hilft ihr, wenn sie Fragen hat und passt auf, dass sie ihre Schulzeit einhält.

d

Sarahs Schultag in den **USA** beginnt um 8.00 Uhr. Mittags isst sie mit ihren Freundinnen in der Schule das mitgebrachte Essen aus ihrem Lunchpaket. Nach einer halben Stunde Pause auf dem Spielplatz geht der Unterricht weiter bis 15.00 Uhr. Zum Glück hat sie dann meist Schwimmstunden, weil sie für ihre Schule an Schwimmwettbewerben teilnimmt. In ihrem modernen Klassenzimmer steht eine Tafel, die mit einem Computer verbunden ist. Die Kinder lernen an Einzeltischen. Sarah findet es gut, dass es an ihrer Schule keine Schuluniform gibt.

Menschen arbeiten

Ehrenamt

bezahlte Arbeit

unbezahlte Arbeit

Arbeitslosigkeit

Hausarbeit

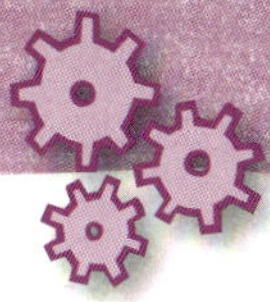

Warum arbeiten Menschen?
Was passiert, wenn jemand seine Arbeit verliert?

Berufe erkunden

Welche Berufe kennst du? Welche interessieren dich?
Wie kannst du mehr über verschiedene Berufe herausfinden?
Überlege zuerst, welche Fragen du stellen kannst:

Fragebogen:

- Wie heißt der Beruf?
- Welche Aufgaben hat man in diesem Beruf?
- Wo ist der Arbeitsplatz?
- Gibt es eine bestimmte Arbeitskleidung?
- Zu welchen Zeiten muss man arbeiten?
- Was macht bei diesem Beruf am meisten Spaß?
- Was ist daran nicht so schön?
- Wie hat sich der Beruf in den letzten 100 Jahren verändert?
- Wie viel verdient man in diesem Beruf?

Wo findest du Antworten?

Berufe präsentieren

Welche Informationen willst du an deine Klasse weitergeben?
Schreibe alles Wichtige in Stichpunkten auf Karteikarten:

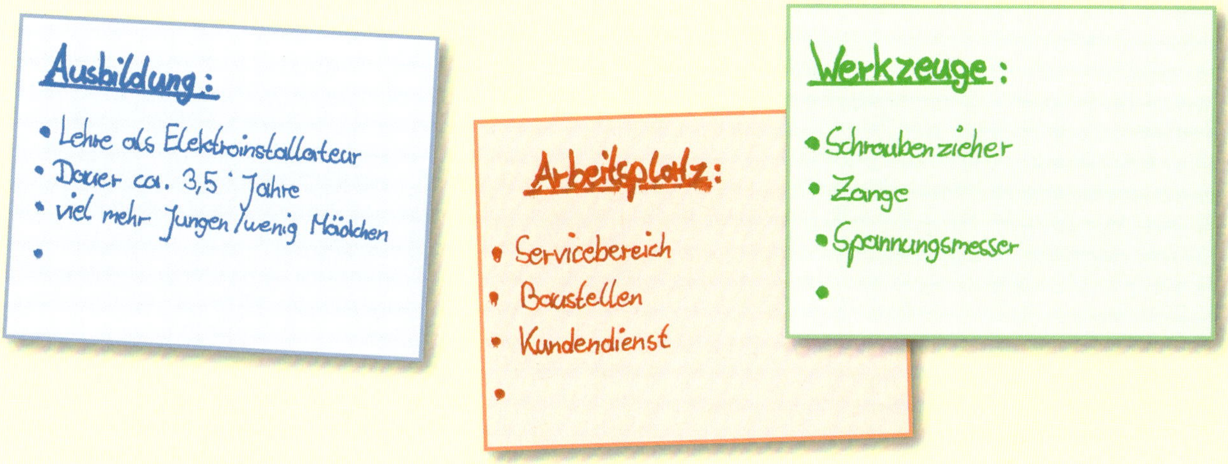

Bringe die Karten in eine sinnvolle Reihenfolge.
Kannst du etwas mitbringen, das für diesen Beruf typisch ist?
Hast du Fotos oder Bilder? Präsentiere sie.
Überlege dir Fragen, ein kleines Quiz oder einen Lückentext
für deine Zuhörer.
Übe deinen Vortrag, bevor du vor der Klasse sprichst.

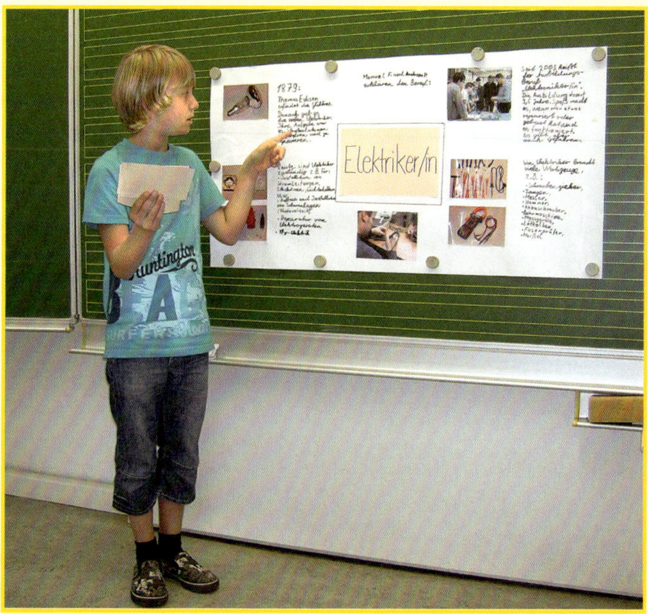

Sprich langsam und deutlich.
Schau deine Zuhörer beim
Sprechen an. Sprich frei zu
deinen Stichwörtern.

Vom Korn ...

Die wichtigste Zutat für ein Brot ist das Getreidekorn.
Ein Landwirt baut das Getreide auf seinen Feldern an.
Verschiedene Maschinen erleichtern ihm die Arbeit.

Vor der Aussaat wird der Boden umgepflügt. Dadurch wird er gelockert.

Die Egge lockert die obersten Erdschichten auf.

Mit der Drillmaschine werden die Saatkörner ausgesät und mit Erde zugedeckt.

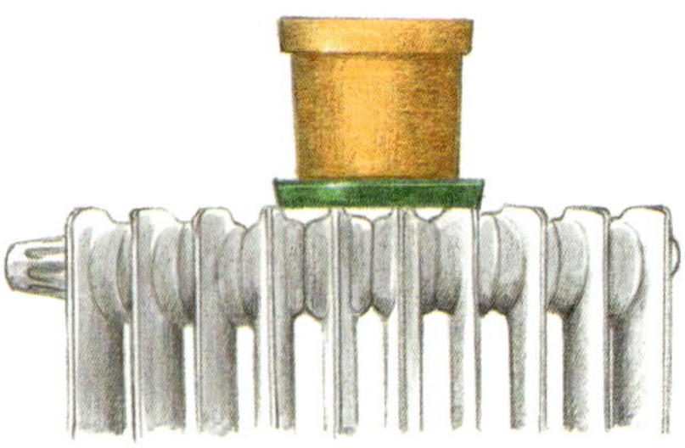

Das Wetter ist sehr wichtig für das Wachstum des Getreides.
Säe Getreide an und probiere aus, bei welchen Voraussetzungen es besonders gut oder besonders schlecht wächst.

Damit die Getreidepflanzen gut wachsen, werden sie gedüngt …

… und mit Pflanzenschutzmitteln gegen Unkräuter oder Schädlinge gespritzt. Die ökologische Landwirtschaft verwendet nur natürliche Pflanzenschutzmittel.

Im Sommer wird das Getreide mit dem Mähdrescher geerntet. Dieser schneidet das Getreide und trennt die Körner von der restlichen Pflanze.

Wie sah die Arbeit auf dem Feld aus, bevor es diese Maschinen gab?

Sammelt Vor- und Nachteile der ökologischen Landwirtschaft.

… über das Mehl …

Aus den ganzen Körnern des Getreides kann man noch kein Brot backen. Sie müssen zu Mehl gemahlen werden. Dabei wird die harte Schale des Getreidekorns aufgebrochen und das Mehl von den restlichen Teilen getrennt.

Mahle aus Getreidekörnern dein Mehl selbst.

Ihr braucht:
eine Steinplatte, einen großen runden Stein, ein feines Sieb, eine Schüssel

1. Reinige die Körner.

2. Lege die Körner auf eine Steinplatte und zermahle sie mit dem Stein.

3. Gib alles in das Sieb und fange das Mehl darunter mit einer Schüssel auf.

4. Die Reste aus dem Sieb legst du wieder auf die Steinplatte und zermahlst sie weiter.

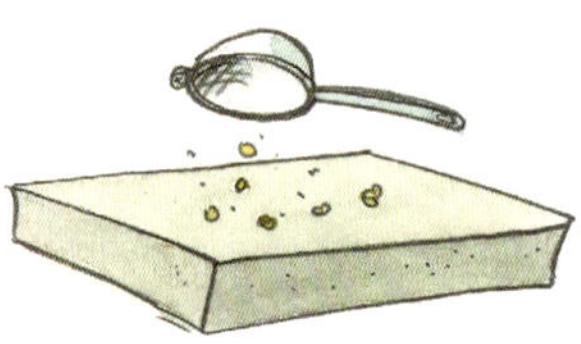

5. Trenne wieder das Mehl von den Schalen.

6. Das Mahlen und Sieben musst du bis zu 10-mal wiederholen.

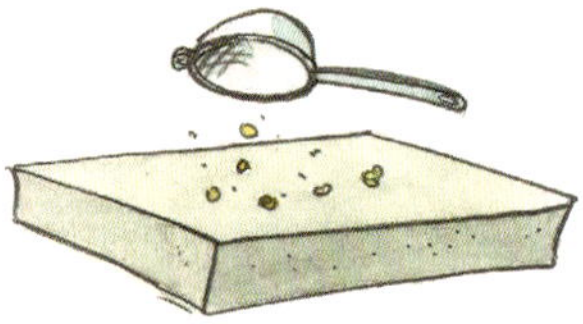

Das Mahlen des Mehls mit der Hand war sehr aufwändig. Deshalb überlegten sich die Menschen, wie sie sich die Arbeit erleichtern könnten. Sie bauten Mühlen, in denen die Körner mit einem großen Stein zermahlen wurden. Dieser Mahlstein wurde nicht mehr mit der Hand, sondern mithilfe eines Baches oder des Windes bewegt.

Baue ein Wasser- oder Windrad und versuche, damit etwas zu bewegen.

Heute brauchen die Menschen so viel Mehl, dass das Getreide in großen Anlagen von Computern gesteuert verarbeitet wird. Die Getreidekörner werden hier zwischen zwei Stahlwalzen zerkleinert und bis zu 16-mal gesiebt.

Was ist der Unterschied zwischen Vollkornmehl und Weißmehl?

... zum Brot

Der größte Teil des Brotes, das es zu kaufen gibt, wird in Großbäckereien hergestellt. In einigen dieser Bäckereien werden über 100 000 Laibe Brot am Tag gebacken. Damit eine solch große Menge hergestellt werden kann, werden verschiedene Maschinen und Geräte benötigt.

1

Mit einem LKW wird das Mehl von der Mühle zur Bäckerei gebracht. Es wird in einem Mehlsilo gelagert. Von dort aus wird es durch Rohre in die Bäckerei geblasen.

2

Das Mehl kommt mit den anderen Zutaten in die Teigmaschine. Alles wird zusammengeknetet. Danach muss der Teig ruhen.

3

In der Teigteilmaschine wird er in genau gleich große Teigstücke aufgeteilt.
In einer Knetmaschine werden die Teigstücke nochmals gut durchgeknetet und in die richtige Form gebracht.

4

In einem warmen Raum muss der Teig nochmals ruhen.

5

Mit Wagen oder auf einem Fließband werden die Brote in den Backofen befördert.

Die fertigen Brote werden verpackt und mit LKWs in die Bäckereifilialen und Supermärkte transportiert.

6

Suche nach Brotrezepten und backe dein eigenes Brot. Vergleiche deine Arbeitsschritte mit der Großbäckerei.

- Welche Transportwege müssen zurückgelegt werden, damit du ein Brot kaufen kannst?

Der Kettenantrieb

Warum kann man mit einem Fahrrad fahren? Untersuche den Antrieb eines Fahrrads genau und beobachte, was passiert, wenn du in die Pedale trittst.

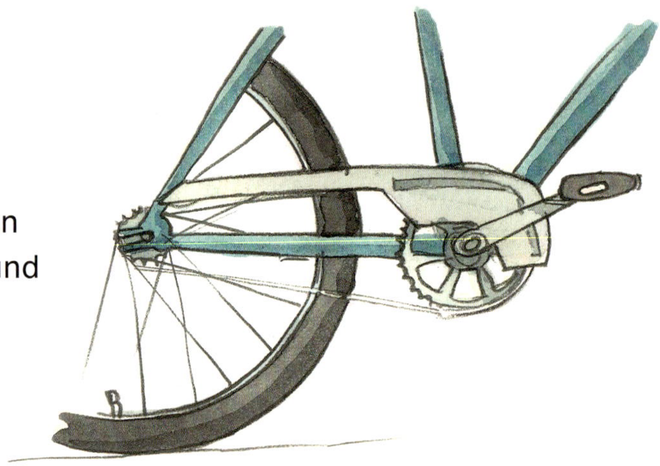

Das Fahrrad wird mit dem Kettenantrieb bewegt.

Baue einen Kettenantrieb nach

Ihr braucht:

- ein Brett
- zwei Nägel
- zwei unterschiedlich große Spulen, z.B. von einem Faden
- ein Gummiband
- einen Hammer

Schlage mit dem Hammer vorsichtig zwei Nägel im Abstand von 10 cm in das Brett. Darauf steckst du die Spulen. Male auf die Oberseite der Spulen jeweils einen Punkt. Verbinde sie mit dem Gummiband. Drehe zuerst die kleinere Spule. Was beobachtest du? Achte besonders auf die Punkte auf den Spulen. Drehe danach die andere Spule. Beobachte wieder.

Wo findest du bei einem Fahrrad unterschiedlich große Spulen?

Baue eine Farbenspielmaschine

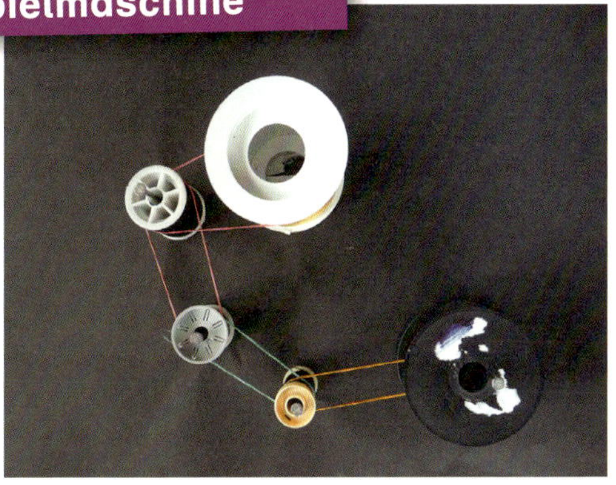

Schlage mehrere Nägel an verschiedenen Stellen in ein Holzbrett. Setze auf jeden Nagel eine Spule. Am besten ist es, wenn die Spulen verschieden groß sind. Verbinde die Spulen mit Gummibändern.

Klebe bunte Kreise aus Pappe auf die Spulen. Drehe nun an einer Spule. Besonders schön sieht es aus, wenn du das Brett schwarz anstreichst und die Kreise mit leuchtenden Farben bemalst.

Dieses Bild ist von Wassily Kandinsky (1866–1944). Er hat ihm den Titel „Farbstudie: Quadrate mit konzentrischen Ringen“ gegeben.

Der Hebel

Bestimmt hast du schon einmal versucht, eine Nuss zu knacken. Mit der Hand ist es kaum möglich, die Schale zu zerbrechen. Doch wenn du die Nuss in einen Nussknacker legst, dann kannst du sie leichter knacken. Warum ist das so?

Der Bücher-Hebel

Ihr braucht:

- ein schweres Buch
- einen runden Klebestift
- ein Holzlineal

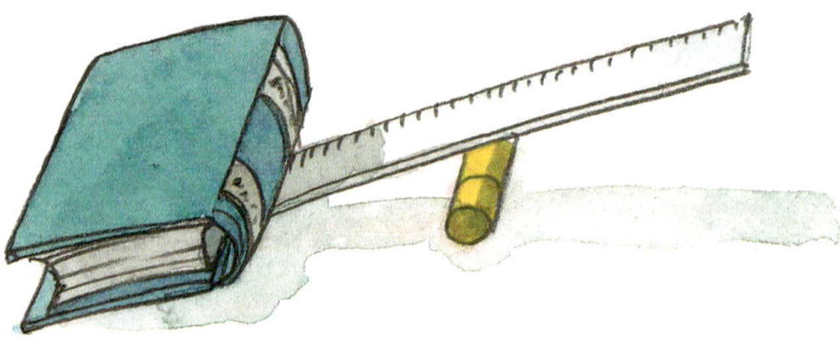

Schiebe das eine Ende des Lineals unter das Buch. Lege den Klebestift so unter das Lineal, wie du es auf der Zeichnung siehst. Drücke nun mit einem Finger an verschiedenen Stellen auf das Lineal. Versuche, das Buch hochzuheben. Wo brauchst du am wenigsten Kraft?

Wie und wo genau hilft dir hier ein Hebel?

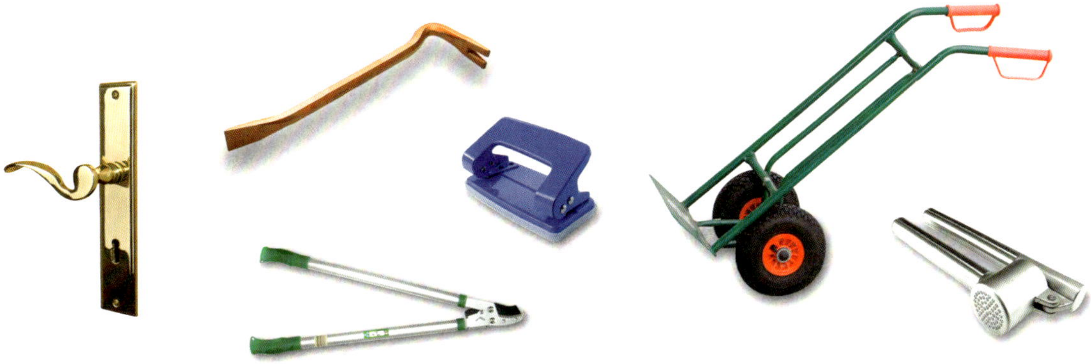

Wo findest du weitere Geräte, bei denen ein Hebel eingesetzt wird?

Die Schachtel-Wippe

Ihr braucht:

- vier Streichholzschachteln
- zwei Holzlineale
- einen runden Klebestift
- zwei Gummibänder

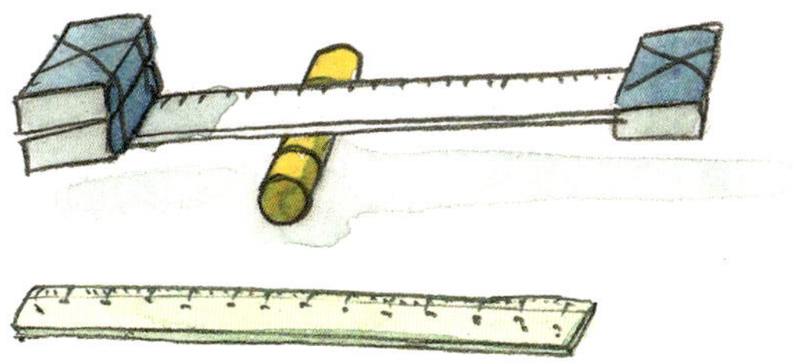

Befestige an einem Ende des Lineals zwei Streichholzschachteln mit dem Gummiband, am anderen Ende eine Streichholzschachtel.
Lege den Klebestift unter das Lineal und verschiebe ihn so lange, bis das Lineal im Gleichgewicht ist.
Zeichne den Versuchsaufbau genau ab. Miss dabei ab, wie weit der Klebestift von den Linealenden entfernt ist.
Befestige jetzt drei Streichholzschachteln auf dem einen Ende des Lineals. Bringe es wieder ins Gleichgewicht.
Zeichne. Was fällt dir auf?

Was du beim Nussknacker und bei den Versuchen genutzt hast, ist die Wirkung des Hebels. Diese Hebelwirkung wird oft verwendet, um mit wenig Kraft etwas hochzuheben, zu schneiden oder zu zerdrücken.

Maschinen erfinden

Wenn du selbst eine Maschine erfinden willst, kannst du nach diesen Schritten vorgehen:

1. Schritt

Was soll deine Maschine können?

2. Schritt

Wo hast du schon eine ähnliche Funktion gesehen? Bücher und das Internet und die Natur können dir dabei helfen.

3. Schritt

Wie kannst du dein Wissen für deine Maschine verwenden?

Erfindung einer Gummibärchenwurfmaschine

1. Schritt

Ich möchte, dass ein Gummibärchen aus meiner Maschine herausfliegt.

2. Schritt

Wenn ich bei einer Wippe mit Schwung auf eine Seite springe, dann wird das Kind auf der anderen Seite hochgeschleudert.

3. Schritt

Ich muss in meine Maschine eine Wippe einbauen. Dabei muss über beiden Wippenenden ein Loch sein. Wenn ich einen schweren Gegenstand durch das eine Loch hineinwerfe, wird das Gummibärchen aus dem anderen herausgeschleudert.

4. Schritt

Wie soll deine Maschine aussehen? Was brauchst du dazu? Zeichne einen Plan.

5. Schritt

Besorge dir die nötigen Materialien und baue deine Maschine.

6. Schritt

Teste deine Maschine. Versuche, Probleme durch das Ausprobieren von verschiedenen Möglichkeiten zu lösen.

4. Schritt

Ich brauche:

- Schachtel
- Lineal
- runde Dose
- Klebestreifen
- Schere

5. Schritt

6. Schritt

Beispiel für ein Problem: Das Bärchen fliegt nicht hoch. Findest du eine Lösung?

Erfinde deine eigene Maschine, z.B. eine Blumengießmaschine, eine Sockenweitwurfmaschine, …

Die Erfindung der ersten Flugzeuge

Otto Lilienthal

Otto Lilienthal gilt als Erfinder des Segelflugzeuges.
Er wurde 1848 in Anklam an der Ostsee geboren.
Schon als Jugendlicher interessierte er sich für Vögel und ihre Art und Weise zu fliegen. Besonders beschäftigte er sich mit dem Storch. Er beobachtete genau, wie dieser seine Flügel beim Fliegen verwendet und studierte deren Form und Aufbau. Nach dem Vorbild der Vögel experimentierte er zuerst mit Flugmodellen und testete dabei, wie sie sich im Wind verhalten und welche Formen besonders gut segeln.

Danach baute er für sich solche Flügel aus Holz und Baumwollstoff. Damit gelang es ihm, bis zu 25 m zu segeln. Doch er konnte die Richtung nicht steuern.

Er experimentierte weiter und erfand verschiedene Segelapparate, die sich auch besser lenken ließen. Schließlich konnte er über 250 m weit segeln.
1896 stürzte Otto Lilienthal bei einem Flugversuch ab und starb. Zu fliegen wie ein Vogel war schon immer der Traum der Menschen. Otto Lilienthal war der erste Mensch, der über weite Strecken durch die Luft segeln konnte. Doch es ist ihm nie gelungen, vom Boden aus abzuheben. Er musste immer an einem Hang starten.

Die Brüder Wright

Die Brüder Orville und Wilbur Wright erfuhren in den USA von den Flugversuchen von Otto Lilienthal. Sie waren schon als Kinder begeistert vom Fliegen. Als Erwachsene bauten sie zunächst Fahrräder. Doch dann begannen sie, Segelflugzeuge zu entwickeln. Ihnen gelang es, die Flugmöglichkeiten der Segelapparate von Otto Lilienthal zu verbessern. Ihre Flugzeuge konnten auch in der Luft steigen und sinken. Sie waren leichter lenkbar und konnten sich sogar um die eigene Achse drehen.

Doch das reichte den Brüdern nicht. Sie wollten ein Flugzeug bauen, das vom Boden abheben konnte. Sie experimentierten mit verschiedenen Antrieben und fanden so heraus, dass sie in ihr Gleitflugzeug einen Propellermotor einbauen mussten.

Am 17. Dezember 1903 war es dann so weit. An diesem Tag hob das erste Flugzeug der Brüder Wright mithilfe eines Motors vom Boden ab. Es flog 12 Sekunden und kam dabei 36 m weit. Doch schon beim zweiten und dritten Flug konnten die Brüder die Flugzeit auf eine Minute erweitern.

In den nächsten Jahren entwickelten sie ihre Flugmaschine weiter und erfanden ein Flugzeug, das in der Luft sogar Kreise fliegen konnte.

Brücken verbinden

Es gibt verschiedene Arten von Brücken:

Warum wurden diese Brücken gebaut?
Was musste der Brückenbauer dabei beachten?
Wie unterscheiden sich diese Brücken?
Gibt es in deiner Nähe auch Brücken? Wie wurden sie gebaut?
Informiere dich über Brücken.

Baue selbst eine Brücke

Du brauchst:
Papier, Klebeband und Klebestift,
Knetmasse, Faden

Baue deine Brücke so, dass sie eine dieser Bedingungen erfüllt:

1. Deine Brücke soll einen schweren Gegenstand, z.B. deinen Schuh, tragen können.
2. Deine Brücke soll mindestens einen Meter lang sein.
3. Der Abstand zwischen den Pfeilern deiner Brücke soll mindestens 20 cm betragen.

Kannst du eine Brücke bauen, die zwei oder alle drei Bedingungen erfüllt? Welche Probleme treten auf?

Versuche, eine Lösung dafür zu finden. Betrachte dazu die Bilder der Brücken ganz genau. Wie haben die Brückenbauer hier diese Probleme gelöst?

Fülle einen Forscherbogen aus:

Wir bauen eine Brücke

Dieses Material verwenden wir:
Papier, Klebeband, Klebestift

So gehen wir vor:
Wir bauen aus Papierrollen Stützen und legen ein Blatt Papier als Brücke darauf.

Dieses Problem ist aufgetreten:
Die Brücke ist in der Mitte eingeknickt. Die Stützen sind umgefallen.

So konnten wir das Problem lösen:
Wir haben unter die Brücke Torbogen gebaut. Die Stützen haben wir auf einem Blatt Papier festgeklebt.

Bild unserer Brücke:

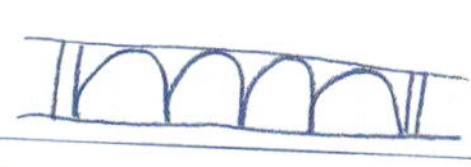

Das haben wir daraus gelernt:
Brücken müssen stabil sein. Sie brauchen z.B. Torbögen. Die Stützen müssen gut befestigt sein.

Brücken müssen stabil sein

Wenn du eine Balkenbrücke baust, musst du darauf achten, dass sie in der Mitte besonders stabil ist. Damit dein Brückenbalken ein schweres Gewicht tragen kann, musst du ihn besonders verstärken.

Probiere diese verschiedenen Möglichkeiten aus:

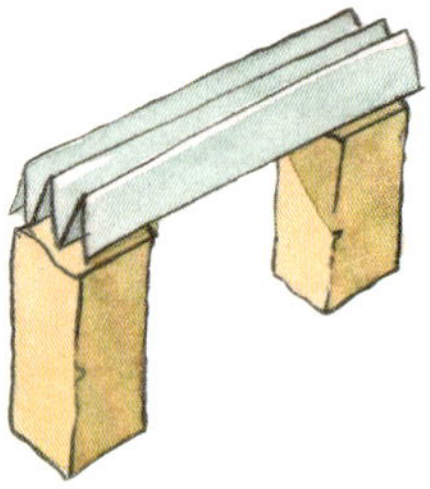

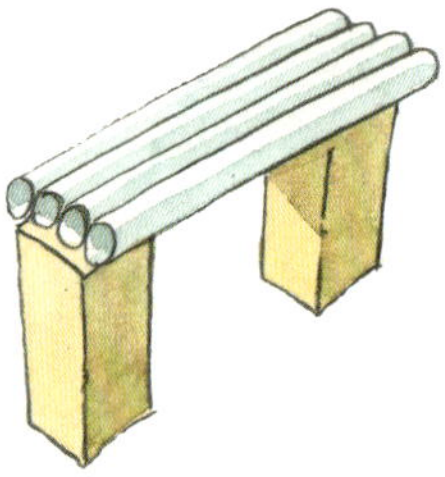

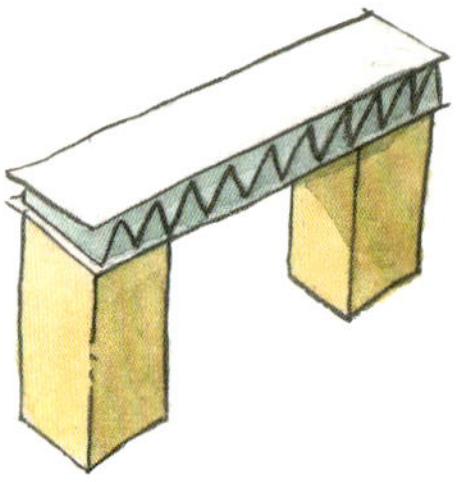

Welche Brücke kann das schwerste Gewicht tragen?

Oft findest du bei Eisenbahnbrücken solche Brückenkonstruktionen.

Welche Vorteile hat es, eine Brücke aus Stahl auf diese Art zu bauen?

Es führt über den Main

Text und Musik: Felicitas Kukuck, Möseler Verlag: Wolfenbüttel 1952

2 Kommt ein Fuhrmann daher, hat geladen gar schwer,
seiner Rösser sind drei und sie tanzen vorbei.

3 Und ein Bursch ohne Schuh und in Lumpen dazu,
als die Brücke er sah, ei wie tanzte er da.

4 Kommt ein Mädchen allein auf die Brücke von Stein,
fasst ihr Röckchen geschwind und sie tanzt wie der Wind.

5 Und der König in Person steigt herab von seinem Thron,
kaum betritt er das Brett, tanzt er gleich Menuett.

6 Liebe Leute, herbei! Schlagt die Brücke entzwei!
Und sie schwangen das Beil und sie tanzten derweil.

7 Alle Leute im Land kommen eilig gerannt:
Bleibt der Brücke doch fern, denn wir tanzen so gern!

8 Es führt über den Main eine Brücke von Stein,
wir fassen die Händ und wir tanzen ohn End.

Spiele die Geschichte im Lied als Theaterstück nach.
Das Lied kannst du auf Körperinstrumenten begleiten:

Setze für jedes Körperinstrument ein passendes Schlaginstrument (Handtrommel, Claves, Triangel, Guiro, Schellenkranz) ein.
Dieses Lied hat einen 3/4-Takt. Du kannst ein Menuett darauf tanzen.

Das Feuer

Feuer war schon für die Menschen in der Steinzeit überlebenswichtig. Feuer spendete Wärme und Licht und half bei der Zubereitung von Nahrung. Es wurde für die Herstellung von Geräten und Waffen verwendet und hielt wilde Tiere fern.

Wo begegnet dir Feuer?

Durch ein Feuer wird immer etwas verbrannt.
Was hat das mit Verbrennung zu tun?

Wo findet Verbrennung
noch statt?

Versuche zur Verbrennung

Was passiert mit der Kerzenflamme?

Du brauchst:
- 3 unterschiedlich große Gläser
- Teelichter
- Streichhölzer

Was passiert, wenn du die Gläser gleichzeitig über die Teelichter stülpst? Vermute und versuche. Notiere deine Beobachtungen.

Der Flaschenofen

Du brauchst:
- Schale mit Wasser
- Teelicht/Streichhölzer
- PET-Flasche
- Klebeband

Führe diese Versuche nur mit einem Erwachsenen durch. Binde lange Haare zusammen. Stelle einen Eimer mit Wasser bereit. Verwende eine feuerfeste Unterlage.

Entferne den Boden der Flasche mit einer Schere. Ungefähr 5 cm vom unteren Rand entfernt schneidest du ein Loch in der Größe eines 5-Cent-Stückes in die Flasche.

1. Lass ein brennendes Teelicht in der Schale schwimmen.
2. Stülpe die Flasche über das Teelicht. Die Flasche ist mit einem Deckel oben verschlossen. Was passiert? Vermute und versuche.

Nicht immer brennt das Feuer in einem Ofen an. Warum? Warum sollst du bei einem Wohnungsbrand alle Fenster schließen?

Was brennt?

Kannst du verschiedene Materialien zum Brennen bringen?
Brennen sie alle gleich schnell an?

Notiere deine Beobachtungen.

Gegenstand	Material	Ich vermute			Ich beobachte		
		brennt gut	brennt schlecht	brennt nicht	brennt gut	brennt schlecht	brennt nicht
Holzspan	Holz						
Holzstück	Holz						

Verändere den Versuch nun so, dass du ein Stück Papier und etwas Stoff nass machst und in die Flamme hältst.
Vermute und versuche.
Findest du dafür eine Erklärung?

Warum ist die Gefahr eines Waldbrandes im Sommer besonders hoch?

Wann brennt ein Feuer?

Ein Feuer benötigt Sauerstoff, um zu brennen. Der Sauerstoff ist in der Luft, die wir atmen, enthalten. Wenn du eine Kerze unter ein Glas stellst, verbrennt sie den Sauerstoff, der in dem Glas ist. Sobald kein Sauerstoff mehr vorhanden ist, geht die Kerze aus. Einem Feuer muss also immer frische Luft zugeführt werden.

Um einen Gegenstand entzünden zu können, muss die Flamme eine bestimmte Temperatur haben. Die Flamme eines Lagerfeuers hat eine höhere Temperatur als die Flamme eines Streichholzes. So kannst du zwar einen Holzspan mit einem Streichholz entflammen, ein großes Holzstück aber nicht. Dazu brauchst du die Flamme eines Lagerfeuers. Die Wärme, die du benötigst, um einen Gegenstand zu entzünden, nennt man Entzündungstemperatur.

Um zu brennen, braucht Feuer einen Brennstoff. Das sind die Gegenstände, die im Feuer verbrennen. Wenn du den Brennstoff wegnimmst oder er verbrannt ist, erlischt das Feuer. Bei einem Lagerfeuer z.B. musst du immer wieder Holzstücke nachlegen, damit das Feuer weiterbrennt.

Was brennt bei einer Kerze?

Du brauchst:
- ein Stück von einem Kerzendocht
- Kerzenwachs
- feuerfeste Unterlage
- Grillzange
- Kerze/Streichhölzer

Halte nacheinander mit der Grillzange die verschiedenen Teile einer Kerze in die Flamme. Was beobachtest du?

Was brennt in der Kerzenflamme?

Zuerst wird festes Wachs über dem Feuer geschmolzen.

Das flüssige Wachs beginnt nicht zu brennen, wenn man versucht es anzuzünden.

Das Wachs wird weiter erhitzt, bis es zu dampfen beginnt.

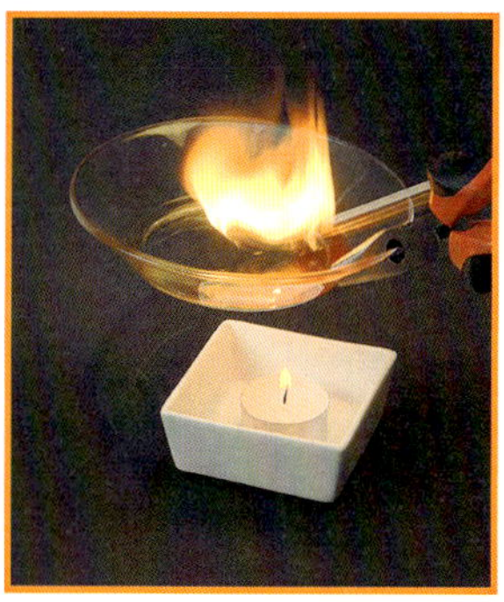

Wenn man den Wachsdampf anzündet, beginnt er sofort zu brennen.

Die Flamme darf nicht mit Wasser gelöscht werden, sondern man muss warten, bis das Feuer von selbst ausgeht.

An welcher Stelle einer brennenden Kerze findest du jeweils festes, flüssiges und gasförmiges Wachs?

Welche Aufgabe hat der Kerzendocht?

Wie kann ein Feuer gelöscht werden?

Lösche die Kerze in der Schale. Verwende dafür:

Warum geht die Kerze aus? Welche Voraussetzung fehlt?
Hast du noch andere Vorschläge, wie du die Kerze löschen kannst?

Wir bauen einen Feuerlöscher

Du brauchst:

- Teelicht/Streichhölzer
- Schale, Messbecher
- 1 Päckchen Backpulver
- Essig

1. Stelle das Teelicht in die Schale und entzünde es.
2. Gib etwa 2 Fingerbreit Essig in den Messbecher.
3. Schütte das Backpulver dazu und warte etwas.
4. Stell dir vor, der Messbecher sei bis zum Rand mit einer unsichtbaren Flüssigkeit gefüllt. Gieße diese vorsichtig über das Teelicht, ohne dass Essig ausläuft. Beobachte genau.

Bei diesem Versuch entsteht das Gas Kohlenstoffdioxid.

■ Warum kann man damit Feuer löschen?

Gefahren des Feuers

Wie konnte es dazu kommen?
Überlege dir Regeln, wie du dich im Umgang mit Feuer richtig verhältst.
Informiere dich, wie diese Brände richtig gelöscht werden können.

An vielen Zimmerdecken sind Rauchmelder befestigt. Wenn es anfängt zu brennen und der Rauch zur Decke steigt, ertönt aus dem Rauchmelder ein Alarmsignal. Weil man so einen Brand frühzeitig entdeckt, können auf diese Weise Leben gerettet werden.
Wo hast du schon Rauchmelder gesehen?

Was tun, wenn es brennt?
- Löscht kleine Brände selbst.
- Ruft sofort Hilfe, wenn ihr das Feuer nicht löschen könnt.
- Holt einen Erwachsenen.
- Ruft mit dem Notruf 112 die Feuerwehr.

Das musst du tun, wenn du dich verbrannt hast:
Lass kaltes Wasser mindestens 10 Minuten über die Brandwunde laufen. Wenn du zu frieren beginnst, dann nimm etwas wärmeres Wasser. Hole Hilfe.

Besuch bei der Feuerwehr

Die Klasse 3a besucht die Feuerwehr.
Der Feuerwehrkommandant Herr Weiß erklärt den Kindern, welche Aufgaben die Feuerwehr hat:

Löschen

Die Feuerwehr löscht Brände.

Oft muss die Feuerwehr Menschen befreien, die z.B. in verunglückten Autos eingeschlossen sind.

Retten

Schützen

Der beste Schutz vor einem Brand ist, zu verhindern, dass das Feuer überhaupt ausbricht. Darum erklärt die Feuerwehr Kindern, wie sie richtig mit Feuer umgehen.

Wenn sich ein Mensch bei einem Feuer nicht mehr alleine aus einem Haus retten konnte, versucht ihn die Feuerwehr mit Leitern, Kränen und anderen Geräten zu bergen. Auch wenn ein Tier in Gefahr ist, kommt sie zu Hilfe.

Bergen

Herr Weiß ist von Beruf Hausmeister in einer Schule. Für die Feuerwehr arbeitet er ehrenamtlich, das heißt, er bekommt kein Geld dafür. Er ist Mitglied einer freiwilligen Feuerwehr. In allen Gemeinden und kleinen Städten gibt es eine solche Feuerwehr.

Die Feuerwehr hat viele schwierige Aufgaben. Darum müssen die Feuerwehrleute in ihrer Freizeit dafür immer wieder üben.
Mitglied in der freiwilligen Feuerwehr zu sein, bedeutet viel Arbeit. Warum machen es manche Menschen trotzdem gern?
Große Städte haben auch eine Berufsfeuerwehr. Mitglieder dieser Feuerwehr verdienen dort ihr Geld.
Für die Einsätze brauchen die Feuerwehrmänner eine spezielle Ausrüstung, verschiedene Geräte und Feuerwehrautos. Die Kosten dafür übernimmt die Gemeinde.

Ihr könnt z.B. im Rollenspiel üben, wie ihr die Feuerwehr richtig alarmiert!

Am Ende des Besuchs übt der Feuerwehrmann mit den Kindern, wie sie die Feuerwehr richtig alarmieren. Er erklärt ihnen, was die Feuerwehr beim Notruf wissen will:

- Wer bist du?
- Was ist passiert?
- Wann ist der Unfall passiert?
- Wo ist es passiert?
- Wie viele Personen sind verletzt?

Warte am Ende, ob es noch Rückfragen gibt.

In der Magnetwerkstatt

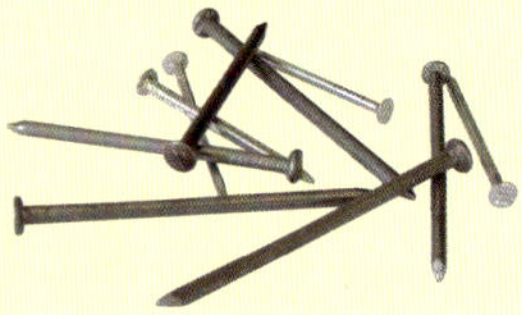

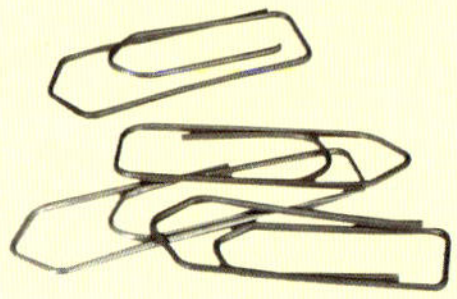

Kann ich alle Geldstücke mit einem Magneten anziehen?

Was kann ein Magnet alles anziehen? Aus welchem Material sind die Dinge, die er anzieht?

Wie kann ich einen Magneten schweben lassen?

Was muss ich zwischen einen Magneten und einen Gegenstand, der magnetisch angezogen wird, bringen, damit der Gegenstand nicht mehr angezogen wird?

Wie kann ich einen Magneten auf einem Stück Pappe hochhüpfen lassen?

Wie kann ich eine Nadel magnetisch machen? Was muss ich tun, damit sie ihre magnetischen Kräfte wieder verliert?

Wie kann ich ein Schatzsuchgerät bauen?

Kann ich eine Büroklammer in der Luft schweben lassen?

Wie kann ich die magnetischen Kräfte sichtbar machen?

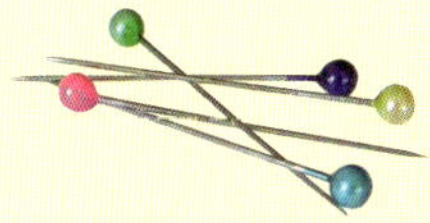

So gehst du vor:
Wähle eine Forscherfrage aus.

Vermute zuerst, was die Antwort sein könnte.

Überlege dir nun, wie du in einem Versuch die Lösung für die Frage herausfinden kannst. Was muss ich tun? Was brauche ich dafür?

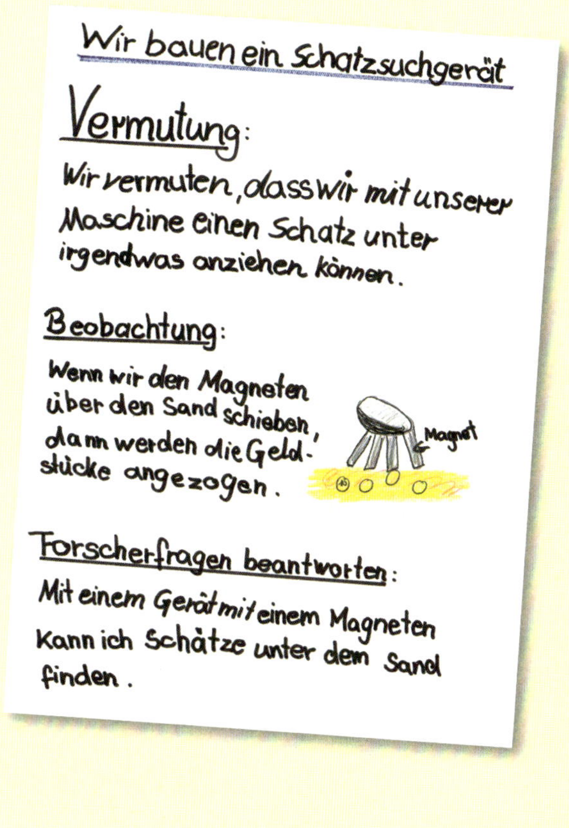

Wir bauen ein Schatzsuchgerät

Vermutung:

Wir vermuten, dass wir mit unserer Maschine einen Schatz unter irgendwas anziehen können.

Beobachtung:

Wenn wir den Magneten über den Sand schieben, dann werden die Geldstücke angezogen.

Forscherfragen beantworten:

Mit einem Gerät mit einem Magneten kann ich Schätze unter dem Sand finden.

Hole dir alle nötigen Materialien für deinen Versuch.

Probiere deine Ideen aus.
Kannst du damit die Forscherfrage beantworten?

Wenn nicht, überlege dir einen anderen Versuch.

Entwirf einen Forscherbogen.
Beschreibe dein Vorgehen und die Ergebnisse deines Versuches.

■ Finde selbst eine Forscherfrage.

Magnetkräfte

Sicherlich hast du entdeckt, dass Magnete unsichtbare Kräfte haben. Das kommt daher, dass jeder Magnet zwei unterschiedliche Pole hat.

Hufeisenmagnet

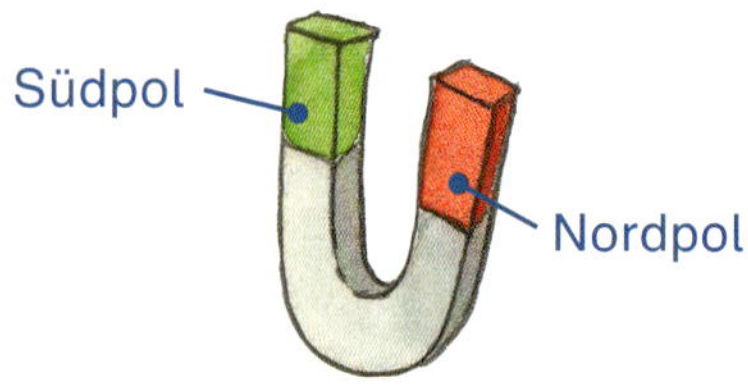

Stabmagnet

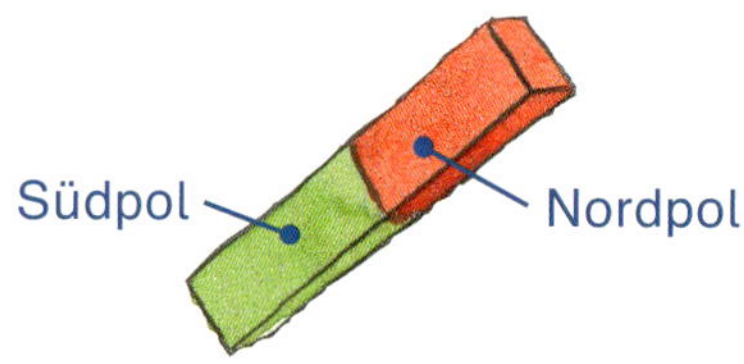

Gleiche Pole stoßen sich ab.

Ungleiche Pole ziehen sich an.

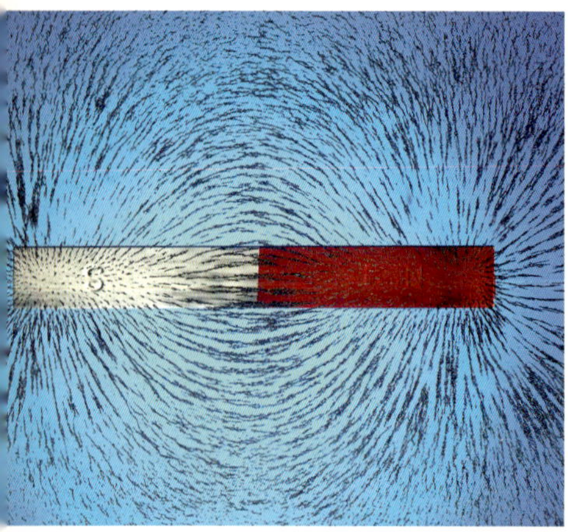

Bemerkenswert an magnetischen Kräften ist auch, dass du mit einem Magneten einen anderen Magneten nicht berühren musst, damit dieser angezogen oder abgestoßen wird. Der Bereich um den Magneten, in dem die magnetischen Kräfte wirken, heißt **Magnetfeld**.

Du kannst es sichtbar machen, wenn du Eisenspäne auf eine Glasplatte gibst und darunter einen Magneten legst.

Wie weit wirkt das Magnetfeld?
Nimm einen Stabmagneten und ziehe damit eine Büroklammer an. Miss ab, wie groß die Entfernung zur Büroklammer höchstens sein darf, damit diese noch angezogen wird.

In Spielsachen kannst du
magnetische Kräfte entdecken.
Erfinde selbst ein Spiel
mit Magneten.

Magnete werden auch für andere Dinge gebraucht.

Taschen oder Portemonnaies haben manchmal einen Magneten als Verschluss.

Auch Kühlschranktüren werden mit Magneten geschlossen.

Wie kommt hier ein
Magnet zum Einsatz?

Der Kompass

Magnete und Himmelsrichtungen

Du brauchst:
einen Stabmagneten,
Faden, Klebeband, Tisch

1. Binde den Stabmagneten an den Faden.
2. Befestige das andere Fadenende mit dem Klebeband auf dem Tisch.
3. Lass den Magneten von der Kante des Tisches herunterhängen.
4. Wiederhole den Versuch an mehreren Stellen des Klassenzimmers.

In welche Richtungen zeigen die Pole des Magneten?

Der Nordpol des Magneten zeigt jedes Mal in die gleiche Richtung. Er wird vom Magnetfeld der Erde angezogen.

Auch die Erdkugel hat magnetische Pole. Die Kräfte dieser Pole sind so stark, dass sich der Stabmagnet dadurch ausrichtet.

Bei einem Kompass funktioniert das genauso. Der Nordpol der Kompassnadel richtet sich nach dem Erdmagnetfeld aus und zeigt immer nach Norden.

Was passiert, wenn du mit einem Magneten in die Nähe des Kompasses kommst? Vermute und probiere es aus. Kannst du erklären, was du beobachtest?

Vielen Tieren hilft das Magnetfeld der Erde dabei, sich zu orientieren. Für Zugvögel ist es ein Mittel, mit dem sie bestimmen, in welche Richtung sie im Herbst und im Frühjahr fliegen müssen.

Meeresschildkröten finden u.a. mithilfe des Magnetfeldes auch noch nach vielen Jahren den Platz, an dem sie geboren wurden. Wale schwimmen Tausende von Kilometern im Jahr. Das Magnetfeld der Erde hilft ihnen, ihre Ziele richtig anzusteuern.

Ein Magnetit ist ein magnetischer Stein. Mit diesem Stein kann Eisen magnetisiert werden.
Schon die Griechen entdeckten vor über 2000 Jahren die magnetische Wirkung dieses Steines.

Der erste Kompass wurde wahrscheinlich vor mehr als 1000 Jahren in China gebaut. Dieser Kompass bestand aus einer Schale mit Wasser und einem schwimmenden Magneten.
Er erleichterte den Seefahrern, den richtigen Kurs zu halten. Später wurde der Kompass auch in Europa eingesetzt. Hier wurde er so weiterentwickelt, wie wir ihn heute kennen.
Erst dieser Kompass machte es möglich, dass Seefahrer wie Christoph Kolumbus weit entfernte Ziele ansteuern konnten.

Überall Strom

Überlege, wofür du jeden Tag Strom benötigst. Auf welche Geräte kannst du verzichten? Warum?
Wofür nutzen wir Strom in der Schule?

Lichtenergie – Wärmeenergie – Bewegungsenergie

Viele Geräte im Haushalt funktionieren mit elektrischem Strom, der aus dem Elektrizitätswerk oder aus Batterien stammt. Der Strom wird in den Geräten in Wärmeenergie, Lichtenergie oder Bewegungsenergie umgewandelt.

Welche Energie nutzt du bei diesen Geräten?

	Lichtenergie	Wärmeenergie	Bewegungsenergie
ferngesteuertes Auto			X
Föhn		X	X
Taschenlampe			

Suche noch weitere Geräte.
Schaue auch auf Seite 98 und 99 nach.

Woher kommt der Strom?
Es gibt verschiedene Möglichkeiten, Strom zu erzeugen.
Die meiste Energie entsteht in Kohle- und Atomkraftwerken.
Energiequellen, die die Kraft der Natur nutzen, werden aber immer wichtiger. Dazu gehören Wasserkraftwerke, Windkraftwerke, Solaranlagen und Biogasanlagen.

Kannst du dir vorstellen, warum diese alternativen Energiequellen an Bedeutung gewinnen?

Batterie und Glühlampe

Auch die Batterie ist eine Energiequelle
und liefert Strom.

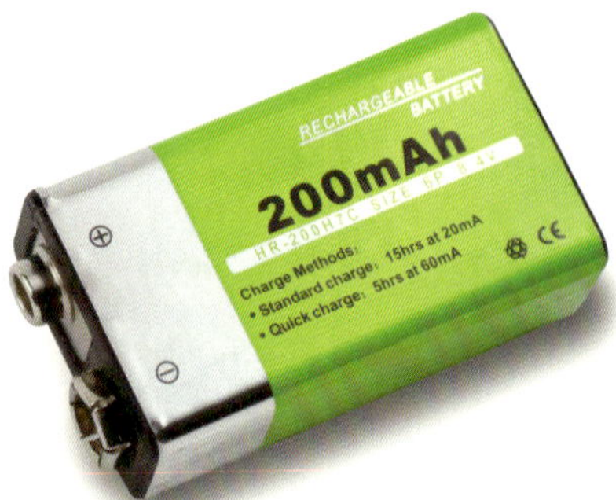

Leere Batterien enthalten giftige Stoffe und gehören nicht in den Müll, sondern in die Altbatteriesammlung.

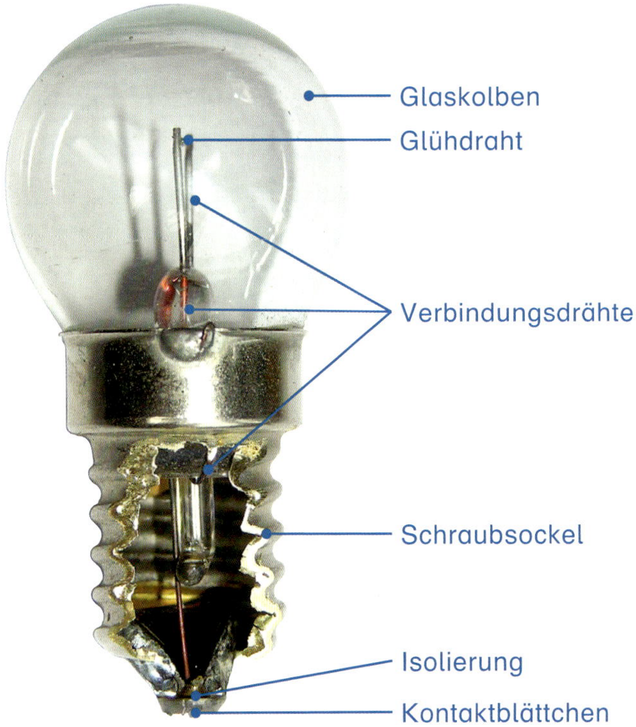

Wie bringt man das Lämpchen zum Leuchten?

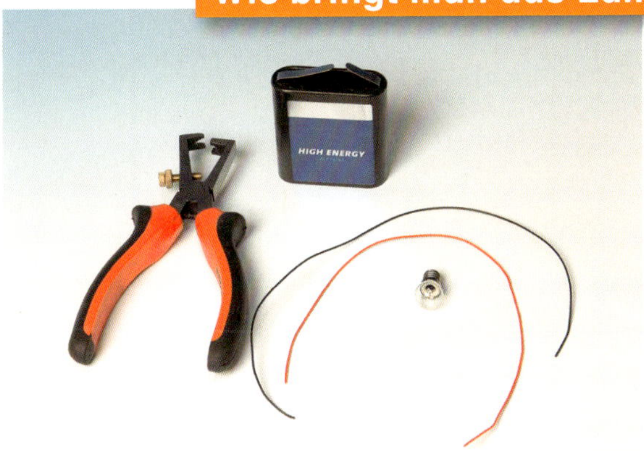

Du brauchst:

- 1 Glühlämpchen (mit der Fassung)
- 1 Flachbatterie, 4,5 Volt
- Kabel
- Abisolierzange

Finde verschiedene Möglichkeiten.

Kannst du auch zwei Lampen leuchten lassen? Was passiert, wenn du eine der beiden Lampen aus der Fassung drehst? Warum ist das so?

Wann können zwei Lampen gleichzeitig leuchten? Warum?

Strom fließt im Kreis

Strom kann nur dann fließen, wenn ein Stromkreis hergestellt wird. Das heißt, der Strom muss dorthin zurückfließen können, wo er hergekommen ist. Sonst können Lampen nicht leuchten und Geräte nicht funktionieren.

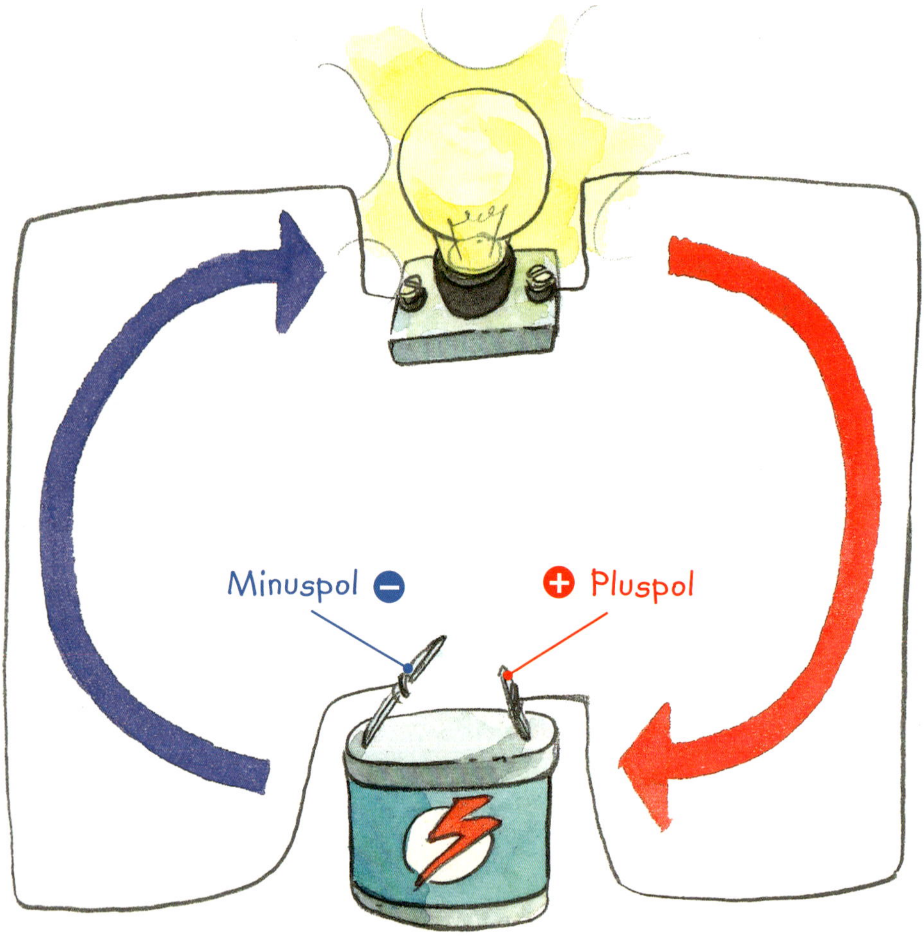

Beschreibe den elektrischen Stromkreis genau.
Schau dir dazu auch deinen selbst gebauten Stromkreis an.

Zeichne deinen Stromkreis auf. Dafür brauchst du diese Symbole:

Symbol	Gegenstand	Bezeichnung
		elektrischer Leiter
		Stromverbraucher
		Stromquelle

Kurzschluss:
Wenn eine Lampe nicht mehr leuchtet, ist der Grund dafür häufig ein Kurzschluss. Dann sucht sich der Strom einen anderen Weg und umgeht die Lampe.

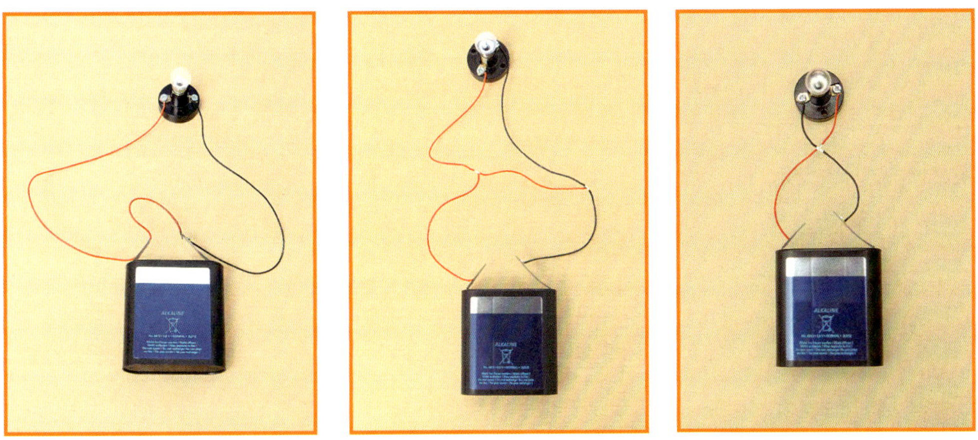

Welchen Weg nimmt der Strom?

Gute Leiter oder schlechte Leiter?

Gegenstände, die elektrischen Strom gut leiten, nennt man **Leiter.** Gegenstände, die elektrischen Strom sehr schlecht leiten, heißen **Isolatoren**.

Leiten diese Dinge Strom gut oder schlecht?
Vermute zunächst und baue sie dann in deinen Stromkreis ein.

Gegenstand	Vermutung	Beobachtung
Plastik	leitet schlecht	
Stein		

Was hast du herausgefunden?
Welche Materialien leiten elektrischen Strom gut?

Warum sind Isolatoren wichtig?

Schalter

Wie machst du die Lampen zu Hause aus? Was musst du tun, damit die Lampe in deinem Stromkreis nicht mehr leuchtet?

Schalter können den Stromkreis unterbrechen (aus) und auch wieder schließen (an).

Der Wäscheklammer-Schalter

Du brauchst:
1 Batterie, 1 Glühlampe mit Fassung, Leitungsdraht, 1 Wäscheklammer, 2 Reißnägel

Baue einen Schalter in deinen Stromkreis ein.

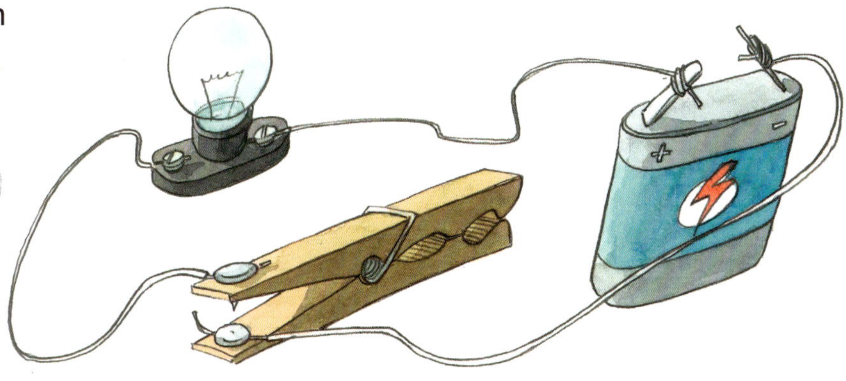

Zeichne deinen Stromkreis auf.
Das Symbol für Schalter ist:

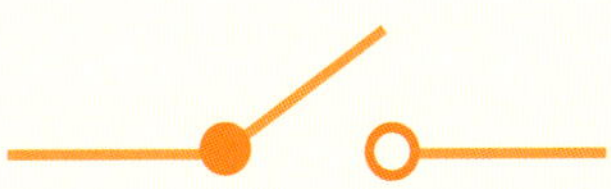

Baue noch andere Schalter.

Der Elektromagnet

Auf einem Schrottplatz gibt es Kräne, an denen ein Magnet befestigt ist. Diesen Magneten kann man ein- und ausschalten, um damit Schrottteile aufzunehmen und wieder abzulegen. Einen solchen Magneten nennt man Elektromagneten. Es gibt Elektromagneten, die bis zu 6 Tonnen Gewicht tragen können.

So baust du einen Elektromagneten

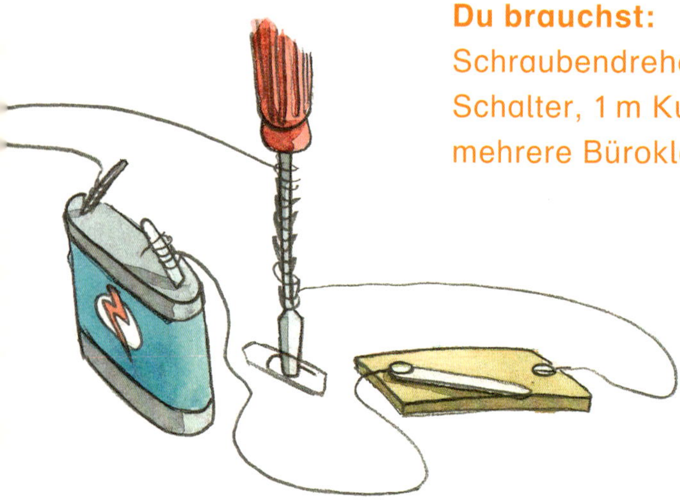

Du brauchst:
Schraubendreher, Batterie, Schalter, 1 m Kupferdraht, mehrere Büroklammern

Wickle den Kupferdraht 20-mal um den Schraubendreher. Verbinde ihn mit der Batterie und dem Schalter, wie du es auf dem Bild siehst.

Wenn du den Schalter schließt, wird der Schraubendreher magnetisch. Wie viele Büroklammern kannst du mit deinem Elektromagneten anziehen?

Du kannst die magnetische Wirkung deines Elektromagneten verstärken. Probiere selbst aus, wie du ihn verändern musst, damit er noch mehr Büroklammern anziehen kann.

Ein Elektromagnet hat auch einen
Süd- und einen Nordpol.

Die Pole beim Elektromagneten bestimmen

Baue einen Elektromagneten und halte einen Kompass an ein Ende des Nagels. Wohin zeigt die farbige Nadelspitze des Kompasses?

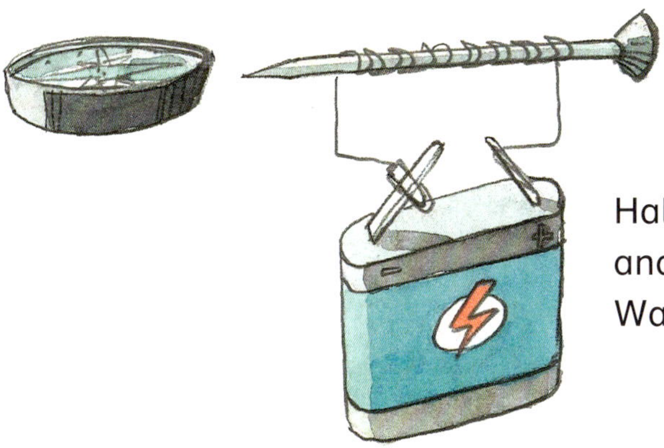

Halte ihn dann an das andere Ende des Nagels. Was beobachtest du jetzt?

Ändere nun die Richtung, in die der Strom fließt. Vertausche dazu die Enden deines Leitungsdrahtes an den Polen der Batterie.
Überprüfe mit dem Kompass:
Wo ist der Südpol? Wo ist der Nordpol?

Stromverbrauch

Der Stromverbrauch wird in Kilowattstunden gemessen.
Wie viel Strom eine Familie im Jahr verbraucht, hängt davon ab, wie viele Elektrogeräte im Haus benutzt werden.

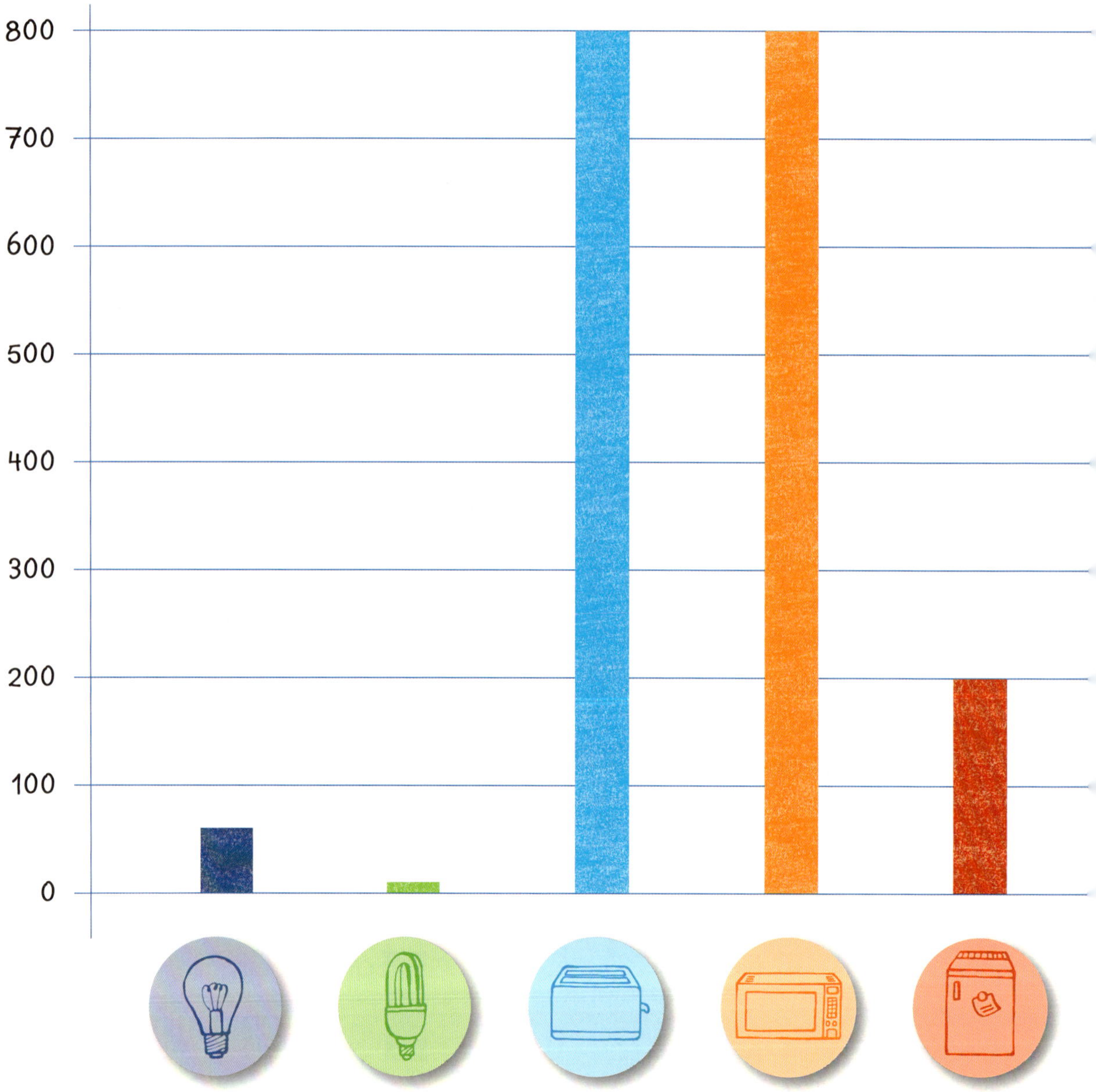

Elektrische Geräte verbrauchen unterschiedlich viel Strom.
Lies ab, wie viel Strom die einzelnen Geräte pro Stunde verbrauchen.

Eine vierköpfige Familie mit Eltern und zwei Kindern verbraucht in Deutschland im Jahr ungefähr **4000 Kilowattstunden** Strom. Damit könntest du 4 1/2 Jahre Tag und Nacht fernsehen oder 1.000.000 (eine Million!) Frühstückseier kochen.

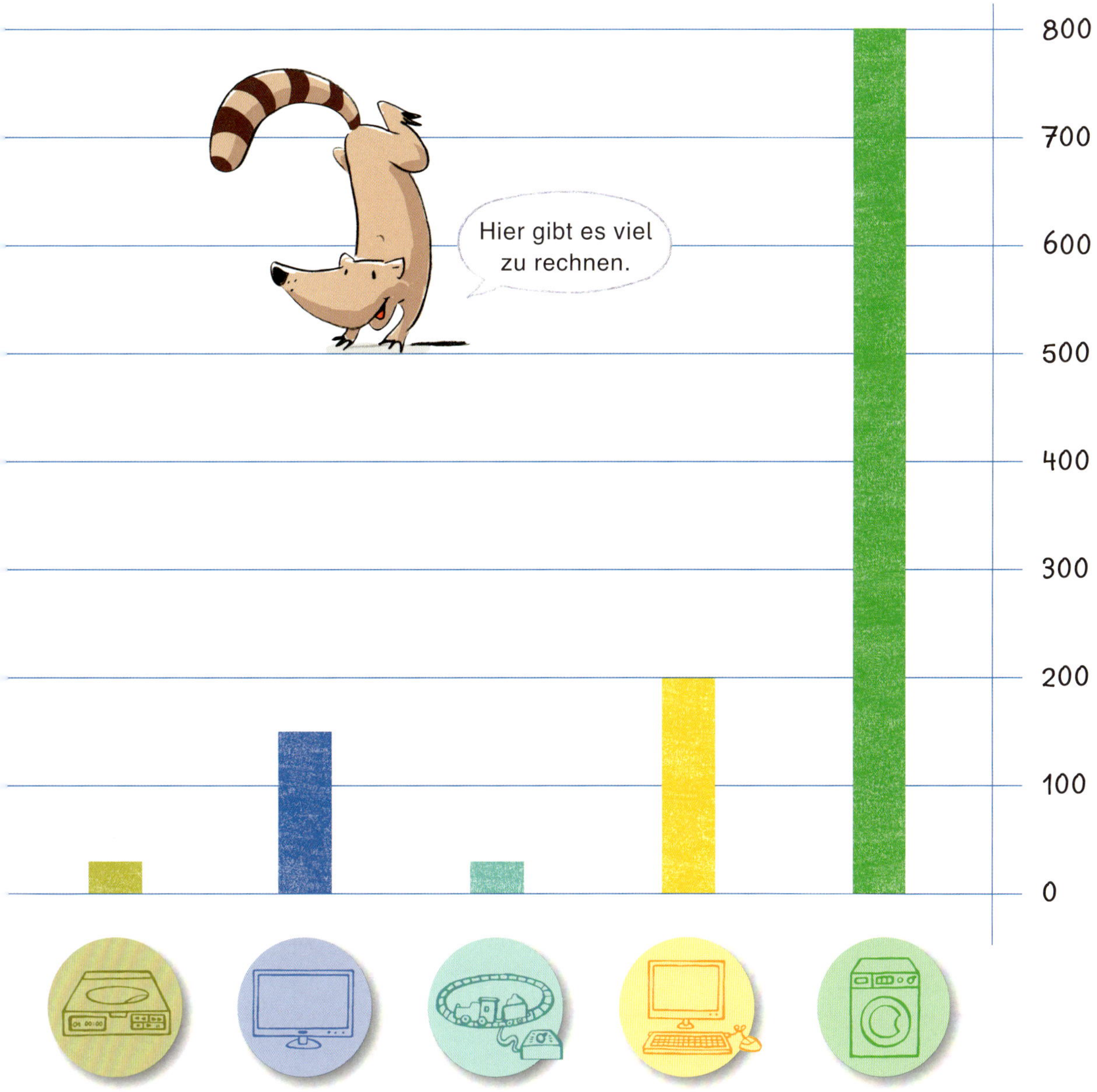

Energie sparen

Energie ist kostbar und nicht unbegrenzt verfügbar. Trotzdem wird viel Energie unnötig verbraucht. Wenn du weniger Energie verbrauchst, hilfst du nicht nur der Umwelt, sondern sparst auch Geld. In Deutschland kostet eine Kilowattstunde Strom ungefähr 20 Cent.

Energiesparlampen sparen Strom und leuchten länger. Eine Glühlampe verbraucht so viel Strom wie fünf Energiesparlampen zusammen. Lasse trotzdem niemals unnötig das Licht an.

Besonders viel Energie braucht der Bildschirm eines Computers. Schalte ihn ab, wenn du den Computer nicht benutzt. Es gibt auch Steckdosenleisten mit Ausschalter. Damit kannst du den Stromfluss unterbrechen.

Werdet Stromdetektive. Wo wird in der Schule und zu Hause unnötig Strom verbraucht? Erstellt Energiespartipps.

Strom ist lebensgefährlich!

Warum besteht hier Lebensgefahr?
Erstellt Regeln für den richtigen Umgang mit Strom.

Müll schon beim Einkauf vermeiden

Hier lässt sich eine Menge Müll vermeiden.
Was schlagt ihr vor?

Pro Jahr fallen bei jedem Menschen in Deutschland ungefähr 425 kg Müll an.

Müll trennen und verwerten

Viele Dinge, die wir in den Müll werfen, sind eigentlich Wertstoffe. Müll wird deshalb getrennt gesammelt und recycelt. Dieses englische Wort („re-“ = wieder und „cycle“ = Kreislauf) bedeutet, dass etwas im Kreis läuft. Aus Altem entsteht Neues.

Sortiert den Müllberg.
Welche Wertstoffe findet ihr?
Kennt ihr die Wertstoffstationen in eurem Wohnort?
Wisst ihr, was mit den Wertstoffen passiert?

Das Recycling von Kunststoff

Aus dem Kunststoffgranulat können auch Teppiche,
Polsterungen, Anoraks, Schlafsackfüllungen,
Sportschuhe oder Fleecepullover entstehen.
Das spart Rohstoffe, kostet aber viel Energie.
Was passiert mit Altpapier, Altglas,
Dosen und dem Bioabfall?

Auch hier wird Müll verwertet:

Was erfindest du?

Müll umweltschonend entsorgen

Um die Müllmenge zu verringern, wird Müll getrennt und recycelt.
Müll, der nicht recycelt wird, kommt zum Rest- oder Sondermüll.

Achtung: Sondermüll

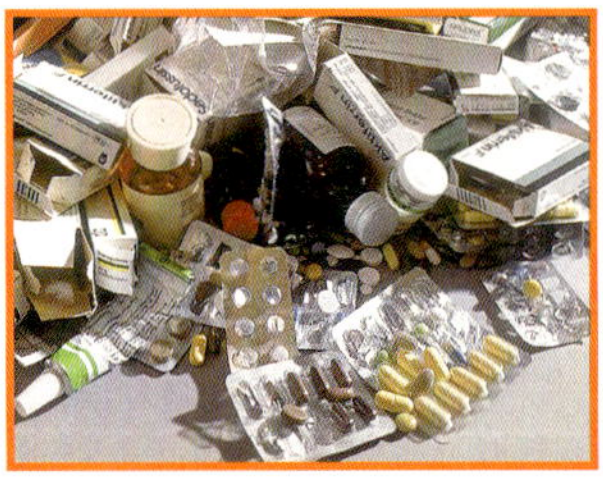

Wie wird dieser Müll fachgerecht entsorgt?

Restmüll wird in einer Müllverbrennungsanlage entsorgt:

Das Müllauto fährt den Müll zur Müllverbrennungsanlage. Dort wird er in einen Müllbunker befördert. Ein Greifkran wirft den Müll in den Trichter der Feuerungsanlage. Hier verbrennt der Restmüll. Beim Verbrennen entsteht eine große Hitze. Diese erwärmt Wasser zu Dampf, der in einer Turbine einen Generator antreibt und so Strom erzeugt.

Die Restwärme wird oft noch zum Heizen von Gebäuden genutzt. Leider entstehen auch Rauchgase, die giftig sind. Damit diese nicht in unsere Umwelt gelangen, sind große Filteranlagen nötig. Hier wird der Rauch „gesäubert“. Vom verbrannten Müll bleibt nur noch ein kleiner Teil als Schlacke übrig. Dieser wird in einer Deponie gelagert.

Dafür muss zuerst die Deponie mit einer wasserundurchlässigen Lehmschicht und Plastikfolie ausgekleidet werden. In der Deponie verlaufen Sickerrohre, die das Sickerwasser absaugen und in die Kläranlage leiten. Ist die Deponie voll, wird sie gut abgedichtet, mit Erde bedeckt und bepflanzt.

Bausteine der Ernährung

Um gesund zu bleiben, benötigt der Körper des Menschen viele verschiedene Nährstoffe. Sie sind in den Nahrungsmitteln enthalten. Der Körper wandelt sie durch Verbrennung in Energie um. Die verschiedenen Nahrungsmittel werden in 8 Gruppen eingeteilt: Milchprodukte, Fisch und Fleisch, Wasser, Getreideprodukte, Obst und Gemüse, Fette und Süßigkeiten.

Damit du viel Kraft hast und gesund bleibst, solltest du täglich von allen Nahrungsmitteln etwas essen. Von einigen Nahrungsmitteln benötigt der Körper viel, andere sollten nur selten gegessen werden.

Schau dir die Bausteine der Ernährung genau an.
Wovon benötigt dein Körper viel und warum?

Die Kraft, die dein Körper braucht, holt er sich durch die Verbrennung der Nährstoffe, die in den einzelnen Lebensmitteln sind. Diese Kraft nennt man auch Energie. Dein Körper benötigt immer Energie, sogar wenn du schläfst.

Diese Nährstoffe sind in den verschiedenen Nahrungsmitteln: Eiweiß, Fett, Kohlenhydrate, Zucker, Vitamine und Mineralien. Aber wo findet man sie und wie viel benötigt der Körper davon?

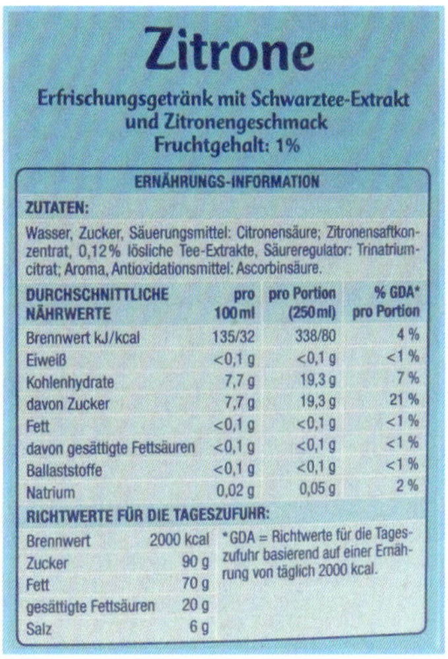

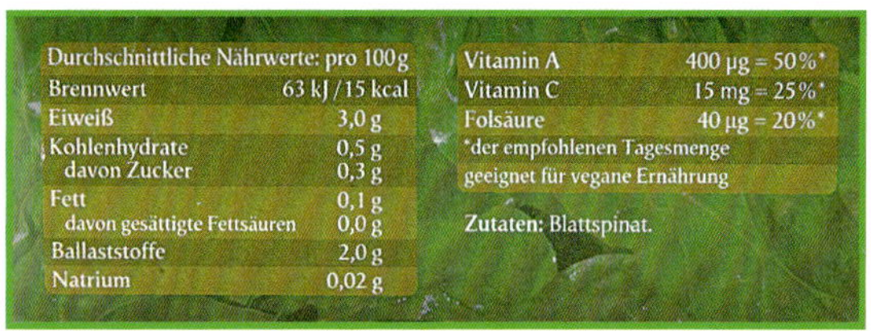

Auf den Verpackungen steht, was in den einzelnen Nahrungsmitteln enthalten ist. 60% deiner Nahrung sollten Kohlenhydrate sein, 30% Fette und nur 10% Eiweiß. Süßigkeiten sind erlaubt, aber zu viel davon ist ungesund.

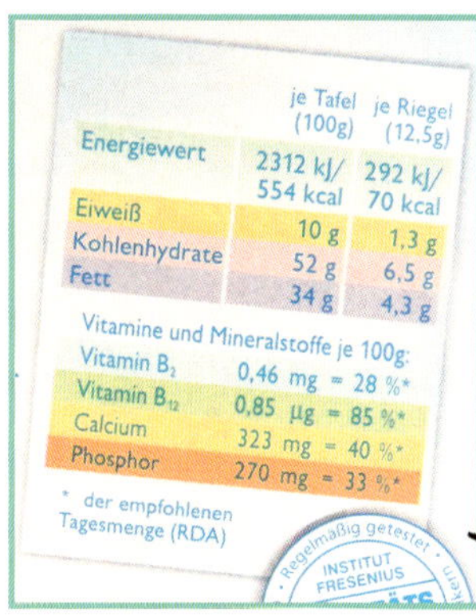

Iss grundsätzlich nur, wenn du Hunger hast.

Untersucht verschiedene Lebensmittel auf ihre Inhaltsstoffe.
Wie sieht ein gesunder Speiseplan für dich aus?

Nährstoffe nachweisen

Mit diesen Versuchen könnt ihr selber feststellen, was in den verschiedenen Lebensmitteln enthalten ist.

Nachweis von Stärke (Kohlenhydrate)

Du brauchst:
Verschiedene Nahrungsmittel, Jodlösung aus der Apotheke, Pipette

Gib mit der Pipette jeweils 2-3 Tropfen Jodlösung auf die Nahrungsmittel. Was kannst du beobachten?

Verfärbt sich die Jodlösung auf dem Nahrungsmittel blauviolett bis schwarz, dann ist in dem Nahrungsmittel Stärke enthalten. Führe den Versuch mit mehreren Lebensmitteln durch.

Nachweis von Eiweiß

Du brauchst:
Verschiedene flüssige Lebensmittel, Essig, kleine Schälchen oder Reagenzgläser, Pipette

Gieße von den Flüssigkeiten etwas in die Schälchen. Träufele mit der Pipette ungefähr 6-7 Tropfen Essig darüber. Was kannst du beobachten?

Durch den Essig wird das Eiweiß flockig. Die weißen Flocken kann man gut erkennen.

Fett nachweisen

Du brauchst:
Verschiedene Lebensmittel,
Lösch- oder Filterpapier, Eieruhr

Reibe oder tupfe die Lebensmittel auf das Löschpapier. Schreibe den Namen daneben. Warte 10 Minuten ab. Halte das Papier gegen das Licht. Was kannst du erkennen?

Das Wasser in den Lebensmitteln verdunstet. Nur das Fett bleibt zurück. Es kann bei Raumtemperatur nicht verdunsten.

Wie viel Zucker ist in meinem Getränk?

Du brauchst:
Verschiedene Getränke, Teelicht, Löffel

Gib etwas von einem Getränk auf den Löffel und halte es über die Kerze. Warte, bis alle Flüssigkeit verdampft ist. Was kannst du erkennen?

Beim Erhitzen verdampft nur das Wasser. Der Zucker und andere Bestandteile wie z.B. Farbstoffe bleiben im Löffel zurück.

Atmung

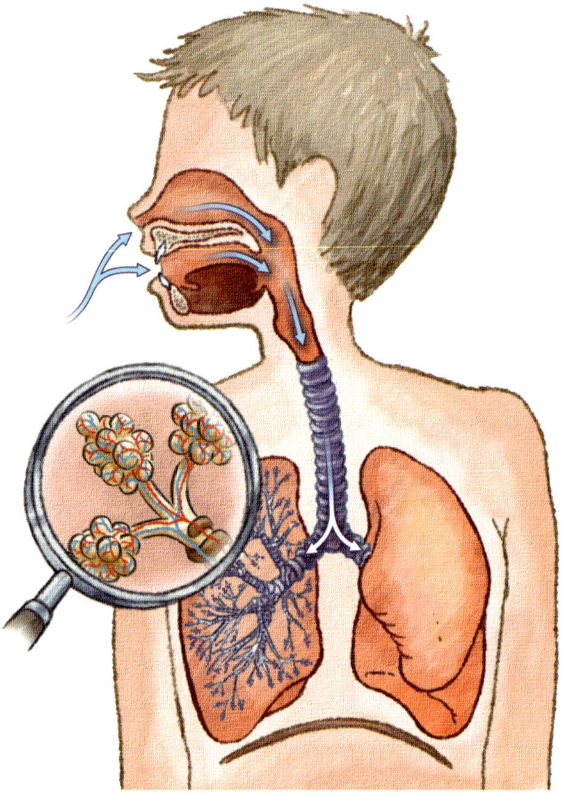

Ein – aus – ein – aus ... Dein ganzes Leben atmest du ein und aus, jeden Tag über 20 000-mal. Das macht dein Körper automatisch, ob du willst oder nicht. Unser Körper braucht eine ständige Versorgung mit Sauerstoff. Wir atmen ihn mit der Luft durch Nase und Mund ein. Von dort gelangt er in die Luftröhre und zu den beiden Lungenflügeln. Dort verzweigt sich die Luftröhre in immer feinere Atemwege.

An deren Enden gelangt der Sauerstoff in die kleinen Lungenbläschen. Von dort wandert er ins Blut, das dann vom Herzen durch den ganzen Körper gepumpt wird.

Im menschlichen Körper nimmt die Lunge fast den ganzen Platz im Brustkorb ein. Beim Einatmen hebt sich der Brustkorb, die Lungenflügel dehnen sich aus. Beim Ausatmen senkt sich der Brustkorb und die Lungenflügel ziehen sich wieder zusammen. Wenn wir die verbrauchte Luft ausatmen, enthält sie nur noch wenig Sauerstoff.

Wie oft atmest du?

Messt, wie oft ihr in einer Minute atmet. Setzt oder legt euch dazu ruhig hin und arbeitet mit einem Partner.
Jeweils einmal ein- und ausatmen ist ein Atemzug. Verändert sich euer Atem, wenn ihr 15 Kniebeugen macht?

Wie viel Luft passt in deine Lunge?

1. Atme tief ein und blase, solange du kannst, in einen Luftballon. So viel Luft passt in deine Lunge.
2. Vergleiche mit deinen Mitschülern. Lege einen Wollfaden um den Luftballon und miss so den Umfang. Die Wollfäden könnt ihr nebeneinander legen. Messt die verschiedenen Wollfäden.

■ Kannst du die Ergebnisse in deinem Heft aufzeichnen?

Herz und Blutkreislauf

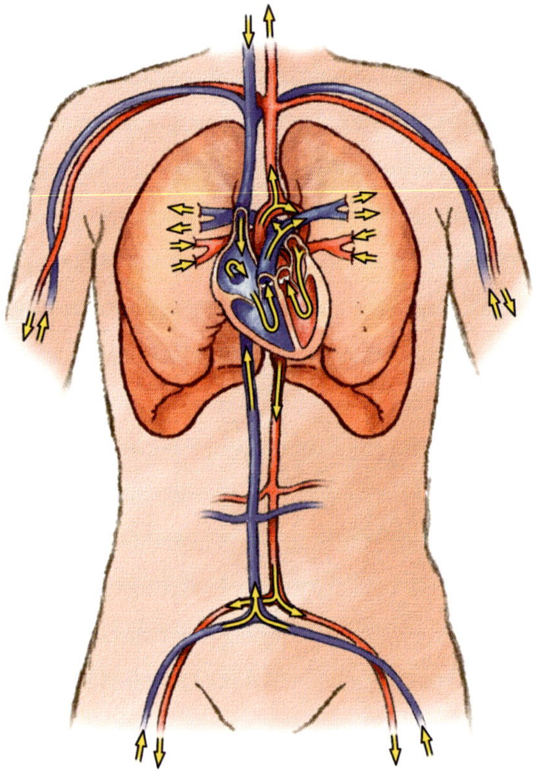

Früher glaubten die Menschen, im Herzen entstünden Gefühle wie Liebe oder Ärger. Denn wer aufgeregt ist, der bekommt Herzrasen. Wer schlimmen Ärger hat, dem tut vielleicht das Herz weh. Auch heute noch malen wir unter einen Liebesbrief ein Herz. Aber unsere Gefühle entstehen gar nicht im Herzen, sondern im Gehirn. Trotzdem hat das Herz eine lebenswichtige Aufgabe: Es pumpt ohne Unterbrechung Blut durch den ganzen Körper und versorgt ihn so mit Sauerstoff und wichtigen Nährstoffen.

Dein Herz ist ungefähr so groß wie eine Faust. Es liegt gut geschützt im Brustkorb. Durch die Arterien werden die Organe mit Sauerstoff und Nahrung versorgt. Die Venen befördern das Blut zum Herzen zurück. In der Lunge kann es neuen Sauerstoff aufnehmen und wird dann wieder zu den Organen gepumpt.

Deinen Herzschlag hast du sicher schon gefühlt, wenn du die Hand auf die linke Seite der Brust legst. Wenn du aufgeregt oder gerannt bist, dann schlägt es besonders schnell.

Den Puls untersuchen

Am Pulsschlag kannst du erkennen, wie schnell dein Herz schlägt. Er kann sowohl am Handgelenk als auch an der Halsschlagader gefühlt werden. Miss den Puls mit Zeige- und Mittelfinger. Nimm nie den Daumen.

Den Puls messen

Du brauchst:
Stoppuhr, Papier und Stift

1. Arbeite mit einem Partner.
2. Zählt eure Pulsschläge jeweils 60 Sekunden lang.
3. Messt euren Puls, wenn ihr ausgeruht seid und wenn ihr euch angestrengt habt.
4. Vergleicht mit euren Mitschülern.

Zahl meiner Pulsschläge			
in Ruhe	nach 20 Kniebeugen	nach 10 Luftsprüngen	
92			

Bewegung

Gelenke

Ob beim Springen, Rennen, Treppesteigen, Fußballspielen oder Tanzen – für alle Bewegungen, die ein Mensch mit seinem Körper macht, benötigt er seine Gelenke.
Sie befinden sich überall dort im Körper, wo zwei oder auch mehr Knochen aufeinandertreffen.
Mithilfe von Muskeln und Gelenken können wir unseren Körper bewegen. Ohne die Gelenke wären wir völlig unbeweglich.
Die Gelenke federn außerdem Bewegungen ab und schützen damit die Knochen. Das bedeutet, sie wirken ein bisschen wie Stoßdämpfer am Auto oder deinem Fahrrad.

Die Wirbelsäule

Die Wirbelsäule ist die Hauptstütze unseres Körpers. Sie trägt den Kopf und verleiht dem Menschen eine aufrechte Haltung. Sie ist sehr empfindlich gegen Stöße und falsche Belastungen.

Kannst du durch Tasten und Bewegen deine Gelenke finden?
Finde heraus, wie die einzelnen Gelenke heißen.
Welches ist das größte Gelenk in unserem Körper?

Theo, Theo

Refrain

2. Dann, dann, dann,
kommt der Hampelmann,
fängt zu hampeln an,
das ist cool.
Mensch, wer hätte das gedacht,
dass es so viel Freude macht
mal ein Hampelmann zu sein,
echter Spaß für Groß und Klein.

Refrain

3. Eins, zwei, drei,
mach den Butterfly,
komm und sei dabei
hier im Team.
Dann die Beine hoch hinauf,
komm mach mit und hör nicht auf.
Hey, der Theo weiß das schon,
das bringt Spaß und Kondition.

Refrain

4. Jetzt geht's los,
mach dich riesengroß,
das ist echt famos,
wie man sieht.
Und dann mach dich klitzeklein,
kriech ins Mauseloch hinein
und dann geht's mit viel Rabatz
wieder hoch mit einem Satz.

Refrain

5. Oh, oh, oh,
setz dich auf den Po,
mach es einfach so,
wie jetzt ich.
Denn jetzt kommt, was kommen muss,
jetzt ist langsam wieder Schluss
mit dem Fitness-Superhit,
doch mit Theo sind wir fit.

Text und Musik: Volker Rosin, Moon Records: Düsseldorf 2006

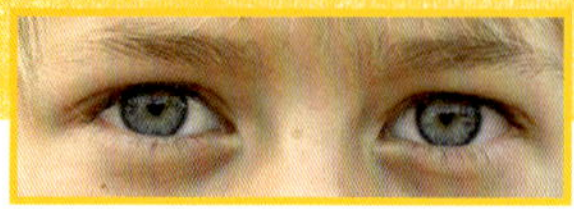
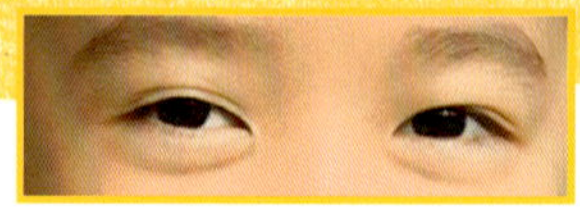

Meine Augen

Augen sehen unterschiedlich aus.
Was ist bei Augen gleich,
was kann verschieden sein?
Vergleicht eure Augen.

Augenbrauen
Die Augenbrauen spenden den Augen etwas Schatten und halten Fremdkörper und Flüssigkeiten wie Schweiß vom Auge ab. Du kannst das testen, indem du einen Tropfen Wasser die Stirn in Richtung Auge hinunterrinnen lässt.

Schutz des Auges

Sehen ist für den Menschen sehr wichtig. Daher sind die Augen des Menschen gut geschützt.

Wimpern
Die Wimpern befinden sich an den Lidrändern. Die Wimpern fangen Fremdkörper wie kleine Insekten und Staub ab, bevor sie in das Auge gelangen können.

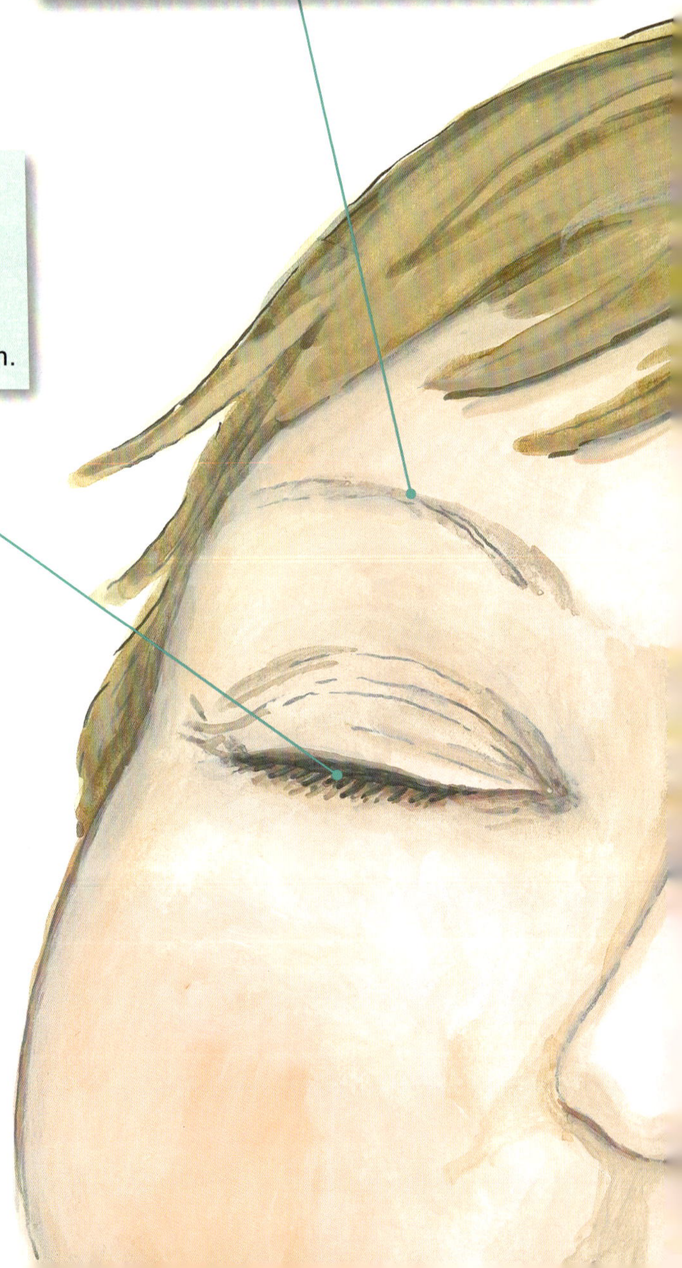

So solltest du deine Augen auch noch schützen:

Niemals direkt in die Sonne oder in Laserstrahlen schauen.
Bei Arbeiten mit gefährlichen Flüssigkeiten oder spitzen Gegenständen eine Schutzbrille tragen.
Bei starkem Sonnenschein einen Sonnenhut oder eine Schirmmütze tragen.

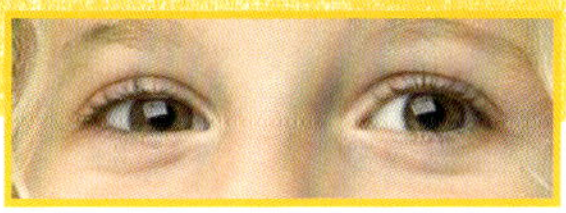  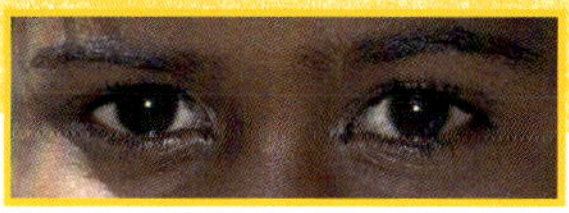

Das Lid
Das Lid schließt sich, um die Tränenflüssigkeit zu verteilen oder um das Auge vor Fremdkörpern zu schützen. Diesen Vorgang nennt man Lidschlussreflex.

Du kannst den Lidschlussreflex testen, indem du dich dem Auge eines Kindes vorsichtig mit einer Feder näherst oder leicht darauf pustest.

Iris und Pupille
Die Iris bestimmt die Augenfarbe. Die Pupille ist das Sehloch in der Mitte der Iris. Je heller es ist, desto stärker verkleinert die Iris die Pupille, damit nicht zu viel Licht in das Auge fällt. Diese Funktion des Auges nennt man Pupillenreflex.

Du kannst den Pupillenreflex testen, indem du sehr helles Licht einschaltest und dabei die Pupillen eines Mitschülers betrachtest.

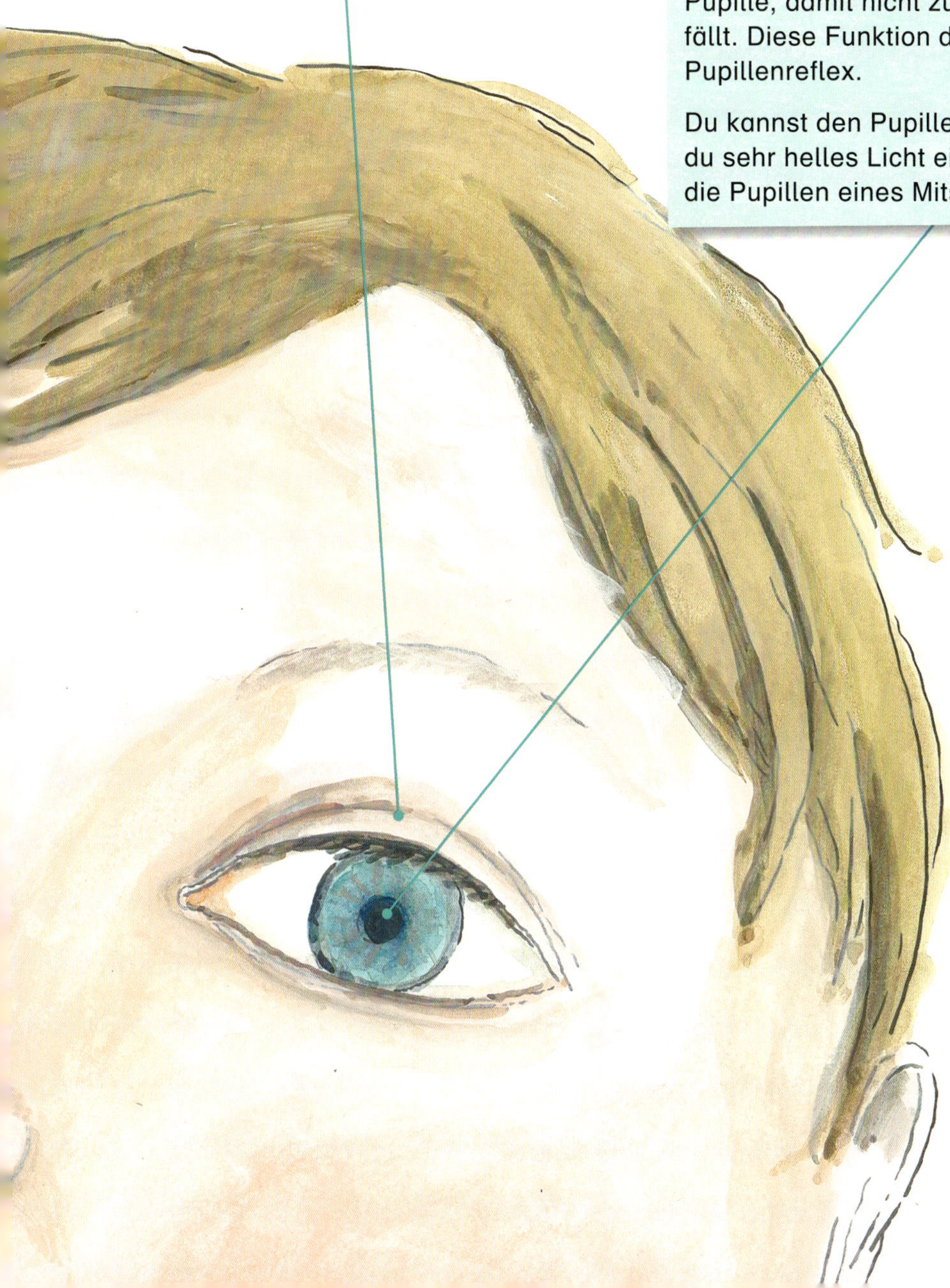

Licht

Lichtquellen

Zum Sehen benötigst du Licht.
Lichtquellen erzeugen Licht.

Wir können nur das sehen, was von einer Lichtquelle beleuchtet wird. Wenn es hell ist, sehen wir alles farbig. Wenn nur wenig Licht da ist, sehen wir nur Grautöne. Wenn gar kein Licht da ist, sehen wir nichts.

Wie breitet sich Licht aus?

Du brauchst:
ein Stück Schlauch (ca. 60 cm), Taschenlampe, einen Partner

Dein Partner leuchtet mit der Taschenlampe an einem Ende in den Schlauch. Vermute, wie du den Schlauch halten musst, damit du das Licht am anderen Ende siehst. Probiert es dann aus.

Überlege, wie sich Licht ausbreitet.

Licht bündeln

Du brauchst:
Taschenlampe, schwarze Pappe,
Kamm, Sammellinse (z.B. Lupe)

1. Lege eine Taschenlampe auf ein Stück schwarze Pappe.
2. Halte vor die Lampe einen Kamm, sodass du Lichtbündel siehst.
3. Überlege, was passiert, wenn du die Sammellinse in die Lichtbündel legst. Und was passiert wohl, wenn du die Linse näher zum Kamm oder weiter wegschiebst?

Führe den Versuch noch einmal mit einer Zerstreuungslinse durch. Was ändert sich?

Licht weiterleiten

Du brauchst:
2 Partner, Sonnenschein oder
eine helle Lampe, 3 Spiegel

Versucht, mit den Spiegeln das Sonnenlicht oder Lampenlicht um eine Ecke zu leiten. Überlegt, welchen Weg die Lichtstrahlen nehmen.

Periskop
Wenn ein U-Boot unter Wasser fährt, nutzt die Besatzung ein Periskop, um sehen zu können, was über der Wasseroberfläche los ist. Ein Periskop besteht aus einem Rohr mit jeweils einer Öffnung am oberen und am unteren Ende. An den Öffnungen sind schräge Spiegel angeordnet. Sie leiten Licht durch das Rohr. Wenn man in die untere Öffnung hineinschaut, kann man sehen, was sich vor der oberen Öffnung befindet.

Der Regenbogen

Ein Regenbogen entsteht, wenn es regnet und zugleich die Sonne scheint. Du kannst ihn sehen, wenn die Sonne sich hinter dir befindet und du in Richtung der Regenwand schaust.

Wie funktioniert das?
Das weiße Licht der Sonne setzt sich aus verschiedenen Farben zusammen. Diese Farben heißen Spektralfarben. Wenn das weiße Licht von der Luft in den Regentropfen übergeht, wird es in diese Spektralfarben aufgebrochen.

Regenbogen im Klassenzimmer

Du brauchst:
ein Glas mit Wasser, ein weißes Blatt Papier, Sonnenstrahl oder eine Taschenlampe

Erzeuge deinen eigenen Regenbogen und finde heraus, wie die Spektralfarben aussehen.

Stelle das Glas mit Wasser in die Sonnenstrahlen auf die Fensterbank. Lege das weiße Blatt Papier davor so auf den Boden, dass darauf ein Regenbogen erscheint. Zeichne ihn ab.

Formen und Farben sehen

Schau dir das Bild genau an. Es wurde von Joan Miró gemalt
und hat den Titel „Die Dichterin“.
Welche Formen kannst du erkennen? Welche Farben hat Miró benutzt?
Male ein eigenes Bild mit diesen Formen. Wähle eigene Farben aus.

Optische Täuschungen

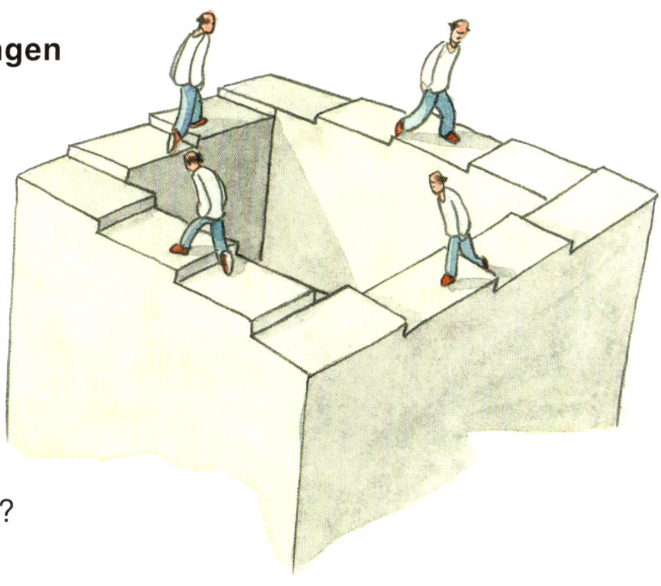

Was ist hier seltsam?

Mit den Händen lesen

Menschen, die nicht oder nur sehr wenig sehen können, benutzen zum Lesen und Schreiben eine Schrift, die sie tasten können. Sie besteht aus Punkten, die in Papier gestanzt werden. Louis Braille hat sie erfunden. Daher wird sie Punktschrift oder Brailleschrift genannt.

Das Alphabet in Brailleschrift

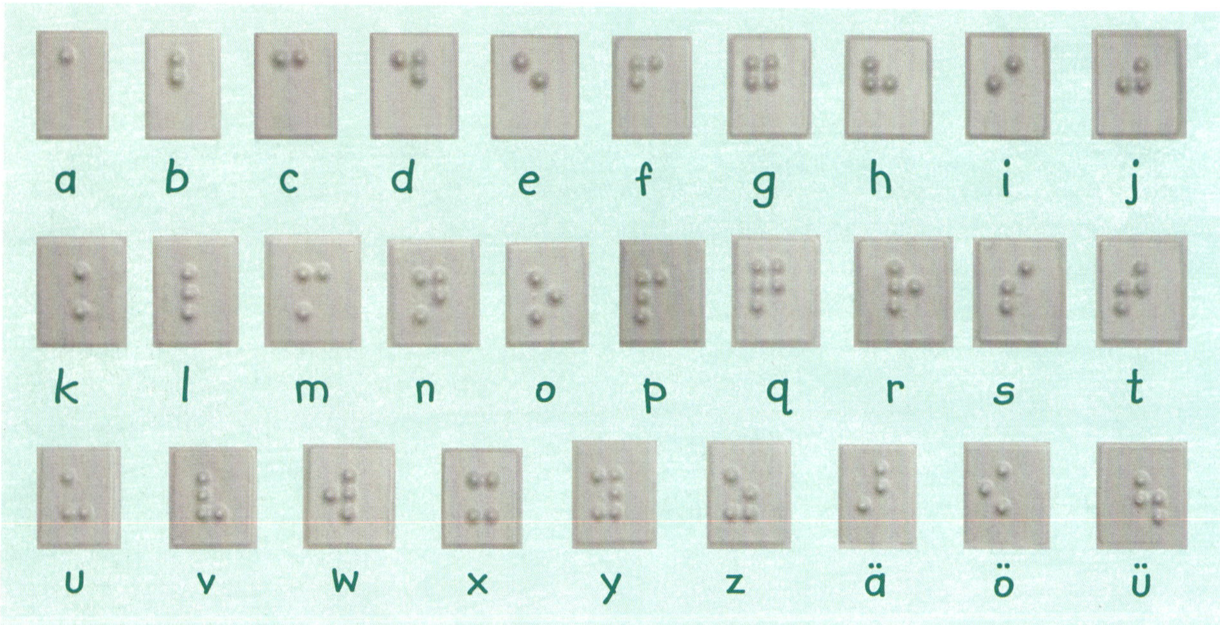

Kannst du lesen, was hier steht?

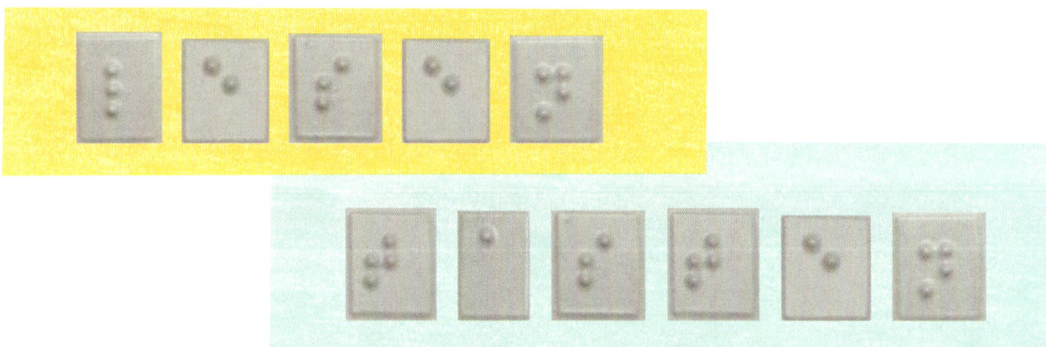

Kannst du deinen Namen in Brailleschrift schreiben?

Blinde Menschen unterwegs

Unterwegs benutzen viele blinde Menschen einen Langstock. Mit ihm können sie ihre nähere Umgebung abtasten und Hindernisse erkennen.

Ein Blindenführhund hat gelernt, um Hindernisse herumzuführen oder davor stehen zu bleiben. Er kann häufig auch Treppen, freie Sitzplätze oder Zebrasteifen finden und anzeigen.

Leitstreifen auf dem Boden lassen sich mit dem Langstock ertasten. Sie weisen den Weg. Leider gibt es sie nicht überall.

Bestimmt hast du schon einmal solch einen kleinen Kasten an einer Ampel gesehen. Diese Ampeln machen Geräusche, damit blinde Menschen wissen, wann Grün ist und wann Rot ist. Höre an solch einer Ampel mal genau hin, wann sie welche Geräusche macht.

- Finde heraus, welche anderen Hilfsmittel für blinde Menschen es noch gibt.

Geräusche im Alltag

112
GEMÜSE
MUSIK-MEY
SCHULBUS

So hörst du die Geräusche

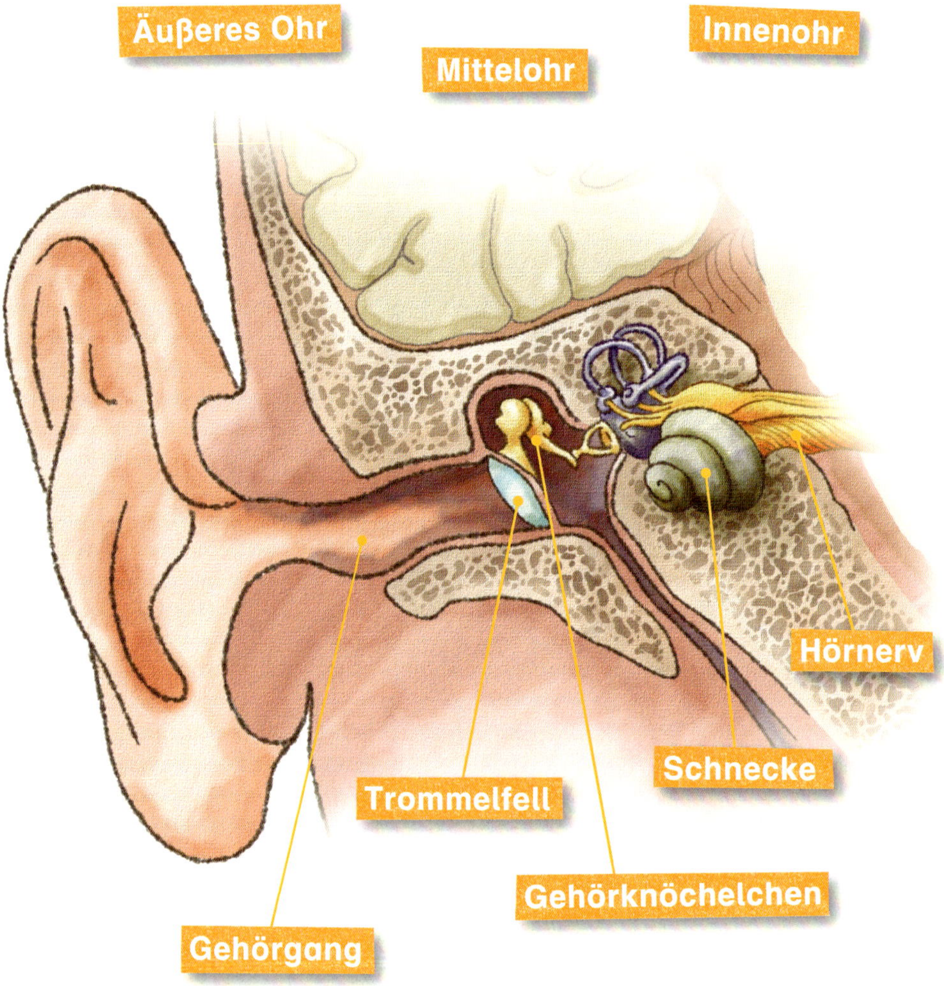

Alles, was Geräusche macht, verursacht Schallwellen. Diese Schallwellen werden durch die **Ohrmuschel** in den **Gehörgang** geleitet. Am Ende des Gehörganges treffen sie auf das **Trommelfell**. Das Trommelfell wird durch die Schallwellen bewegt. Die **Gehörknöchelchen** verstärken die Bewegung des Trommelfells. Durch die **Schnecke** gelangen die Schallwellen schließlich zum Hörnerv. Der **Hörnerv** leitet die Impulse an das **Gehirn** weiter.

Einige Menschen können nicht hören. Sie sind gehörlos.
Überlege, wann es für dich wichtig ist, hören zu können.
Finde heraus, was gehörlose Menschen in diesen Situationen tun.

Manchen Lärm kann man vermeiden. Überlege, wie du Lärm vermeiden kannst.

Lärm kann krank machen

In unserer Umwelt macht vieles Lärm. Zu viel Lärm kann krank machen. Er kann das Gehör schädigen, aber auch den Schlaf oder die Konzentration stören. Unsere Ohren können wir nicht einfach verschließen wie unsere Augen. Daher müssen wir unsere Ohren vor zu viel Lärm schützen.

Einigen Lärm kann man nicht abstellen. Aber man kann die Schallwellen bei der Ausbreitung stören. Man nennt das dämpfen. Schau dir die Bilder an und überlege, wie der Schall hier gedämpft wird.

Gehörschutz

Geschwindigkeitsbegrenzung

Schallschutzfenster

Schallschutzmauer

Mit einem Kopfhörer kannst du Musik überall hören, wo du möchtest, ohne andere zu stören. Aber pass auf, dass du deinem Gehör nicht schadest.
Stelle die Musik nicht zu laut ein und mache immer wieder Pausen beim Hören, damit sich deine Ohren erholen können.

Versuche mit Schall

Schallwellen im Wasser

Du brauchst:
eine Stimmgabel, eine Schale
mit Wasser

1. Schlage die Stimmgabel an und versetze sie so in Schwingung.
2. Vermute, was passiert, wenn du die Stimmgabel über die Wasseroberfläche hältst.
3. Probiere es aus.

Schallwellen in der Luft

Du brauchst:
eine Papprolle, ein Stück Backpapier,
ein Gummiband, ein Teelicht und
Streichhölzer, einen Bleistift

1. Spanne das Backpapier über eine Öffnung der Papprolle.
2. Befestige es mit dem Gummiband.
3. Zünde die Kerze an.
4. Lege die Papprolle mit der offenen Seite vor das Teelicht.
5. Lege eine Hand auf die Rolle, damit sie nicht verrutscht.
6. Vermute, was passiert, wenn du mit dem Bleistift gegen das Backpapier schlägst.
7. Schlage mit dem Bleistift gegen das Backpapier. Beobachte dabei die Flamme.

Bau dir dein eigenes Musikinstrument

Gitarre

Du brauchst:
eine Kiste oder einen Karton,
dicke und dünne Gummibänder

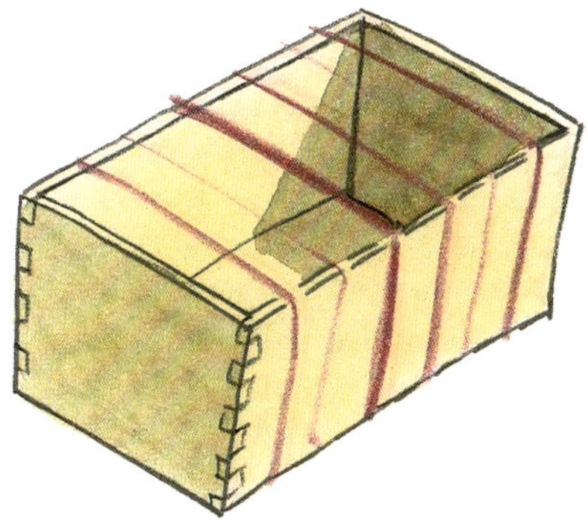

Spanne die Gummibänder um die Kiste. Fertig ist die Gitarre. Nun kannst du dein eigenes Lied zupfen.
Bei welchen Gummibändern erzeugst du hohe Töne? Bei welchen Gummibändern hören sich die Töne tief an?

Baue eine größere und eine kleinere Gitarre. Mit welcher Gitarre kannst du lauter, mit welcher leiser spielen?

Trommel

Du brauchst:
einen Blumentopf, Butterbrotpapier,
Tapetenkleister

1. Schneide das Butterbrotpapier in so große Stücke, dass du die offene Seite des Blumentopfes damit abdecken kannst. Das Papier soll ungefähr 3 cm überstehen.
2. Schmiere ein Papierstück gründlich mit Tapetenkleister ein.
3. Spanne das Papier über das offene Ende des Blumentopfes. Die Seiten schlägst du um und klebst sie auf dem Rand des Blumentopfes fest.
4. Kleistere nun das nächste Papier ein und spanne es über das erste. Streiche es vorsichtig glatt. Du musst ca. 20 Butterbrotpapiere übereinanderkleben.
5. Lass alles gründlich trocknen, dann ist deine Trommel fertig. Du kannst sie noch anmalen.

Erwachsen werden

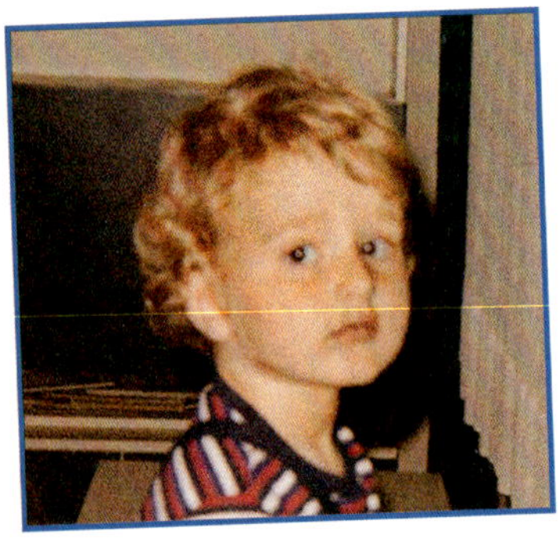  

Der Körper eines Menschen verändert sich im Leben immer wieder. Auch du veränderst dich.
Die Pubertät ist die Zeit, in der Kinder erwachsen werden: aus Mädchen werden Frauen, aus Jungen werden Männer. Man ist nicht mehr ganz Kind, sondern schon Jugendlicher, aber noch nicht erwachsen.

Nicht nur körperlich veränderst du dich in dieser Zeit – auch dein Fühlen und Denken verändern sich. Du magst nicht mehr alles, was dir früher gefallen hat. Vielleicht verstehst du dich mit deinen Eltern nicht mehr so gut. Du widersprichst ihnen und willst deine Ruhe vor ihnen haben. Das ist ganz normal in der Pubertät.
Und: Eines Tages stellt sich vielleicht im Bauch ein ganz komisches, aber sehr schönes Gefühl ein – wenn du zum ersten Mal verliebt bist.

Die Pubertät beginnt bei manchen früher, bei manchen später, in der Regel zwischen 10 und 13 Jahren. Ungefähr mit 18 Jahren ist die Pubertät vorbei. Dann ist man erwachsen.

Auf den Fotos siehst du ein Geschwisterpaar als Kindergartenkinder, als Teenager und als Erwachsene. Welche Veränderungen fallen dir auf?

In der Pubertät bekommen Jungen breitere Schultern, der Penis wächst und der Bartwuchs beginnt. Scham- und Achselhaare wachsen. Die Stimme wird mit der Zeit tiefer. Die Übergangszeit nennt man Stimmbruch. Im Stimmbruch ist die Stimme oft heiser. Jungen haben zum ersten Mal einen Samenerguss. Das bedeutet, es kommen Samen aus dem Penis. Dabei wird der Penis steif. Ab jetzt kann der Junge Kinder zeugen.

In der Pubertät werden bei Mädchen die Hüften etwas runder. Sie bekommen Scham- und Achselhaare und der Busen beginnt zu wachsen. Mädchen bekommen zum ersten Mal ihre Monatsblutung. Dafür gibt es viele Wörter: Blutung, Periode, Menstruation, Regel oder man sagt: die Tage haben. Bei erwachsenen Frauen kommt die Monatsblutung regelmäßig etwa alle 4 Wochen. Sie dauert ein paar Tage.
Ab der ersten Monatsblutung kann ein Mädchen schwanger werden, weil regelmäßig in ihrem Körper eine Eizelle heranreift. Wenn das Mädchen nicht schwanger ist, wird die Eizelle mit der Monatsblutung abgestoßen.

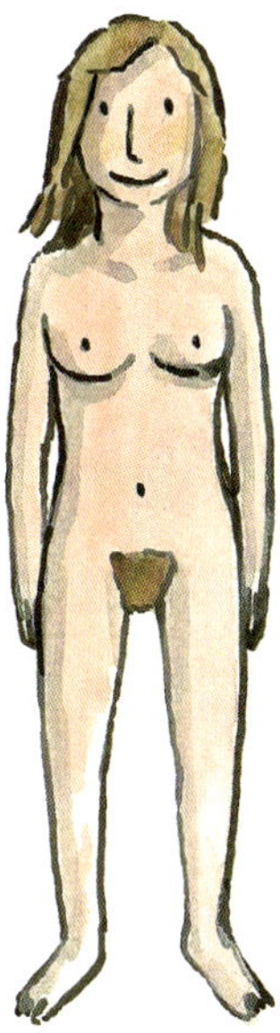

Beschreibt in Stichpunkten, was während der Pubertät passiert.
Wie siehst du wohl als Erwachsener aus? Male ein Bild von dir. Was wirst du machen? Wie wirst du leben?

Schwangerschaft und Geburt

Wenn ein Mann und eine Frau sich lieben, wollen sie sich manchmal körperlich ganz nah sein. Sie streicheln und küssen sich. Manchmal haben sie dann Geschlechtsverkehr; man sagt auch, sie schlafen miteinander.

Das bedeutet, dass der Mann seinen Penis in die Scheide der Frau schiebt und sie sich hin und her bewegen. Es ist für beide ein sehr schönes Gefühl. Den Zeitpunkt, an dem es am allerschönsten ist, nennt man Orgasmus. Der Mann hat dabei einen Samenerguss. Aus dem Penis fließt Samenflüssigkeit in die Scheide der Frau. Manchmal entsteht dabei ein Kind.

In der Samenflüssigkeit sind Millionen von Samenzellen. Wenn eine Samenzelle mit der Eizelle einer Frau zusammentrifft, verschmelzen sie. Die Eizelle ist dann befruchtet. In den folgenden neun Monaten entwickelt sich daraus ein Kind.

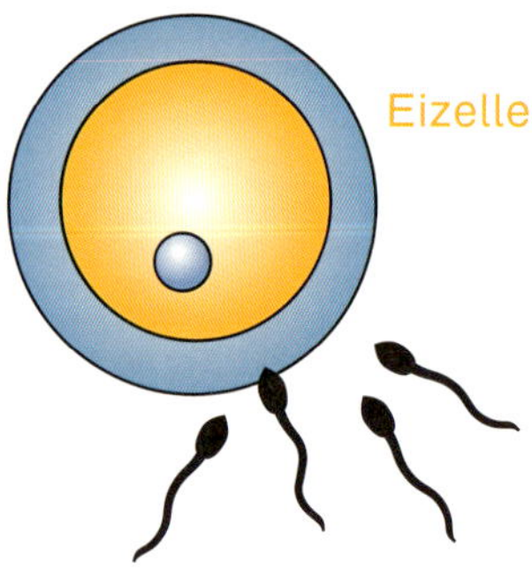

Es ist wie ein Wunder. Aus der befruchteten Eizelle entsteht ein Kind. Von der ersten Minute an ist festgelegt, ob es ein Junge oder ein Mädchen wird, welche Augen- und Haarfarbe es haben und wie groß es einmal wird.

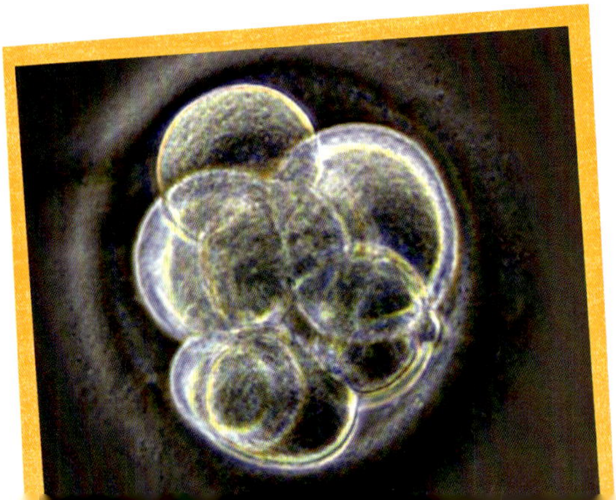

2. Monat

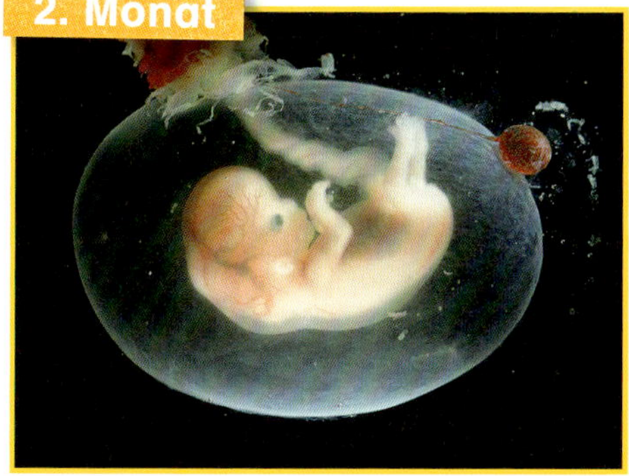

Durch die Nabelschnur ist das Kind mit dem Körper der Mutter verbunden. Es erhält so Sauerstoff und Nahrung. Das Herz schlägt. Das Kind bekommt schon die Form eines Babys. Es ist 2 Zentimeter groß.

4. Monat

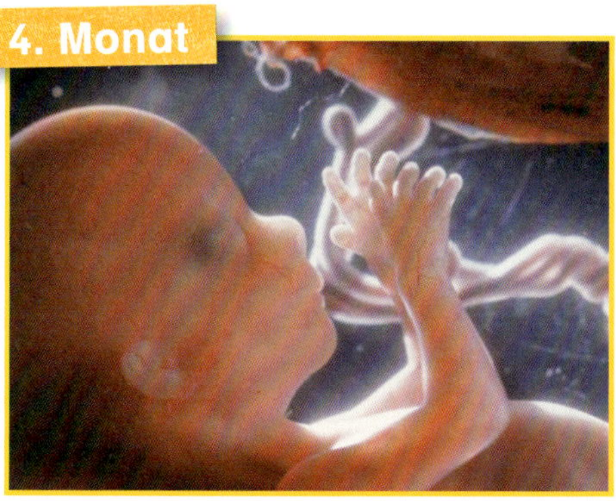

Das Kind wird von einer Blase, die mit Flüssigkeit gefüllt ist, geschützt. Das ist die Fruchtblase. Alle Körperteile sind entwickelt. Es hat z.B. Beine, Zehen, Hände und Finger. Das Kind beginnt, sich zu bewegen. Es ist ungefähr 15 Zentimeter groß und wiegt etwa 80 Gramm.

8. Monat

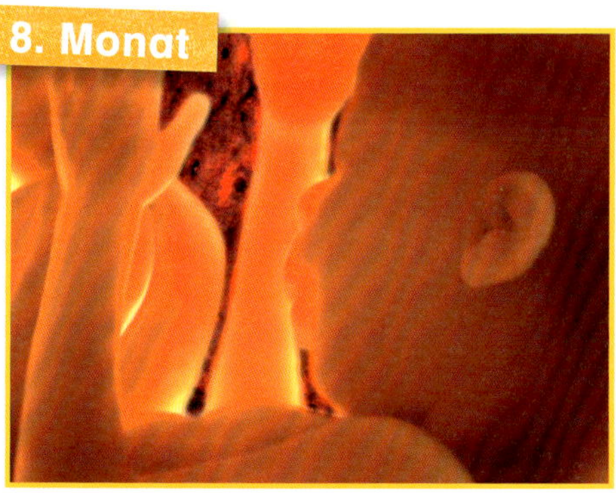

Der Platz wird enger. Man kann von außen deutlich sehen, wenn sich das Kind bewegt. Jetzt dreht sich das Kind normalerweise so, dass es mit dem Kopf nach unten im Bauch der Mutter liegt. Es ist ungefähr 40 Zentimeter groß und wiegt etwa 2000 Gramm.

Geburt

Die Geburt kündigt sich durch Wehen bei der Mutter an. Die Fruchtblase platzt. Das Kind wird durch die Scheide herausgepresst. Wenn das Kind auf der Welt ist, wird die Nabelschnur durchtrennt. Jetzt atmet das Kind alleine.

Lass dir von deiner Geburt erzählen.
Erstelle einen Steckbrief mit deinen Geburtsdaten.

Kindermutmachlied

Text und Musik: Andreas Ebert
Hänssler Verlag: D-71087 Holzgerlingen 2004

Zuneigung und Liebe

Freundschaft

gute Gefühle

Liebe

zusammen sein

Einander zuhören und sich gegenseitig Geheimnisse erzählen.

Gemeinsam etwas unternehmen, spielen und Spaß haben.

Den anderen in den Arm nehmen, streicheln und miteinander kuscheln.

Einander vertrauen und füreinander da sein.

Sich vertragen, wenn man gestritten hat.

Einen anderen so lieb haben, dass man nicht mehr ohne ihn sein möchte.

Was ist Liebe für dich?
Wie zeigen sich Menschen ihre Liebe?
Gestaltet eine Plakatwand zum Thema Liebe und Zuneigung.

Herzklopfen

nahe sein

zärtlich sein

Vertrauen

Nein sagen

unwohl fühlen

schlechte Gefühle

schweigen

Geheimnisse

Alle Menschen haben ein Recht darauf, selbst zu entscheiden, zu wem sie zärtlich sein wollen und zu wem nicht.
Ist dir eine Situation angenehm, dann hast du ein „Ja-Gefühl“ im Bauch. Wenn dir aber eine Situation unangenehm ist und du ein „Nein-Gefühl“ spürst, dann solltest du nicht schweigen, sondern dich jemandem anvertrauen oder dich deutlich wehren.

Nein sagen zu etwas, was man nicht will, ist gar nicht so leicht. Nein sagen ist eine Frage deines Selbstbewusstseins und du kannst es lernen. Du musst dich von keinem Menschen anfassen lassen, wenn du das nicht möchtest – auch nicht von einem Erwachsenen.

Wenn du nein sagen willst, musst du dies mit deinem ganzen Körper tun. Am besten stampfst du mit dem Fuß auf oder stemmst die Hände in die Hüften. Übe mit einem Partner. Spielt die Szenen nach.
Welche Situationen lösen bei dir ein Nein-Gefühl aus?
Diskutiere mit einem Partner darüber.
Wo kannst du dir Hilfe holen, wenn dein „Nein-Gefühl“ zu groß wird?

Nein sagen

Abstand halten

sich behaupten

Burgen

Die ersten Burgen wurden zum Schutz der Menschen errichtet, als die regierenden Fürsten immer wieder miteinander Krieg führten. Zuerst gab es nur einfache viereckige Wohntürme. Später wurden große Burganlagen mit mehreren Gebäuden gebaut.

Die **Kemenate** war das Wohn- und Schlafzimmer der Ritterfamilie und hatte einen eigenen Ofen.

Aus der **Pechnase** wurden Angreifer mit heißem Pech übergossen.

Der **Palas** war das Wohnhaus des Ritters. Hier wurde gegessen, Gericht gehalten und gefeiert.

Der **Bergfried** war bei einem Angriff der letzte Zufluchtsort. Die Tür war im ersten Stock und nur mit einer Leiter zu erreichen.

In der **Vorburg** sind die Hütten und Häuser von Handwerkern, Knechten und Mägden, die Vorratsräume und die Ställe der Tiere.

Gibt es in deiner Umgebung Burgen?
Wie sind sie gegen Angreifer geschützt?
Wer lebte auf einer Burg?
Was taten die Burgbewohner bei einem Angriff?
Wie schützten sich die Burgbewohner gegen Kälte und Hunger?
- Wie haben Ritter eine fremde Burg erobert?

Mein Ritter-Portfolio

Was möchtest du über Ritter wissen? Forsche in Büchern, suche Informationen im Internet oder in Museen.

Ein **Portfolio** kann dir helfen, deine Ergebnisse darzustellen. Ein Portfolio ist eine Sammelmappe, in der du deine Arbeiten zu einem Thema aufbewahren kannst. Überlege dir genau, welche Arbeiten du in deinem Portfolio ausstellen möchtest und in welcher Reihenfolge du sie abheftest. Gestalte ein Deckblatt und ein Inhaltsverzeichnis.

Was ist ein Ritter?

Ein Ritter war ein bewaffneter Reiter, der im Dienst des Königs oder eines hohen Adeligen stand. Nur besonders reiche Ritter konnten sich eine eigene Burg bauen. Viele Ritter lebten auf Burgen ihrer Herren, da das Ritterleben sehr teuer war. Ein Ritter brauchte Pferde, eine Rüstung und Waffen. Tapfere Ritter bekamen von ihrem Herrn ein Stück Land mit den darauf wohnenden Bauern als Lohn. Die Bauern mussten einen Teil ihrer Ernte und Tiere an den Ritter abgeben. Dafür beschützte der Ritter die Bauern vor Räuberbanden und Feinden.

Wie wurde man Ritter?

Nur Söhne von Rittern konnten Ritter werden. Mit 7 Jahren gingen sie zu fremden Rittern in die Lehre. Dort arbeiteten sie 7 Jahre lang als Page. Sie bedienten die Damen am Hof und lernten wie sich ein Ritter benehmen muss. Außerdem lernten sie, wie man mit Schwertern und Lanzen kämpft.

Mit 14 Jahren wurde der Page zum Knappen. Er musste jetzt nicht mehr auf der Burg bleiben. Er durfte auf die Jagd und in den Krieg mitreiten. Diese Erziehung war hart und auch sehr streng. Der Knappe lernte verschiedene Kampftechniken und war für die Rüstung des Ritter verantwortlich.

Erst mit 21 Jahren wurde ein tapferer Knappe zum Ritter geschlagen.

Das Turnier

Turniere waren große Feste, bei denen die Ritter gegeneinander kämpften. Sie übten so für eine richtige Schlacht. Sie kämpften mit stumpfen Lanzen und Schwertern, um sich nicht zu töten. Der Verlierer musste dem Sieger sein Pferd, seine Rüstung und seine Waffen geben. So verloren manche Ritter ihr ganzes Vermögen.

Weitere Ideen für dein Portfolio

Rittergeschichten, Wappen gestalten, Ritterlieder, Rezepte, Spiele, ...

Stadtleben im Mittelalter

Die Städte im Mittelalter waren durch eine hohe Stadtmauer mit Wachtürmen geschützt. Soldaten hielten Wache und kontrollierten alle fremden Besucher. Die Angst vor Dieben und Überfällen war groß. Abends wurden die Tore abgeschlossen und niemand kam mehr herein oder hinaus. Wer von den Stadtbewohnern nicht rechtzeitig zurückkam, musste die Nacht vor der Stadt verbringen.

Forsche über die Geschichte deines Ortes.
Findest du noch Spuren aus der Vergangenheit?
Baut eine mittelalterliche Stadt nach.
Welche Materialien eignen sich?
Wo siehst du Unterschiede zum Leben heute?

Der Weg zur Wiedervereinigung Deutschlands

Am **8. Mai 1945** endete der Zweite Weltkrieg. Danach wurde Deutschland zwischen den Siegermächten USA, Großbritannien, Frankreich und der Sowjetunion aufgeteilt.

1952

1945

Seit **1952** wurde die Grenze innerhalb Deutschlands durch Zäune gesichert und bewacht.

1949

Aus den von Amerikanern, Briten und Franzosen verwalteten Teilen entstand **1949** die Bundesrepublik Deutschland (BRD). Der Teil, den die Sowjetunion verwaltete, wurde zur Deutschen Demokratischen Republik (DDR).

Die ehemalige Hauptstadt Berlin lag mitten in der DDR. Genau wie der Rest Deutschlands war die Stadt aufgeteilt in einen Westteil (BRD) und einen Ostteil (DDR). Ostberlin war die Hauptstadt der DDR, die Hauptstadt der BRD war Bonn.
Viele Leute gingen aus der DDR in den Westen. Um das zu verhindern, begann am **13. August 1961** der Bau der Berliner Mauer. Sie umgab ganz Westberlin.

1961

Das Leben in den beiden deutschen Staaten entwickelte sich sehr unterschiedlich. Die Menschen in der BRD hatten mehr Möglichkeiten, ihr Leben zu gestalten, während die Bürger in der DDR Einschränkungen hinnehmen mussten, z.B. durften sie nur in bestimmte Länder reisen. Familien, die durch die Teilung getrennt worden waren, konnten sich über viele Jahre nicht sehen. Viele Menschen wollten die DDR verlassen und manche flohen dann auch.

Immer mehr Menschen wurden im Laufe der Jahre unzufriedener und demonstrierten für mehr Freiheiten. Nach dieser friedlichen Revolution wurde am **9. November 1989** die Grenze geöffnet. Tausende Menschen feierten die Nachricht an der Berliner Mauer.

1989

1990

Der **3. Oktober 1990** war der Tag, an dem die fünf Länder der ehemaligen DDR Teil der Bundesrepublik wurden. Deutschland ist seitdem nicht mehr geteilt und Berlin wurde wieder die Hauptstadt des wiedervereinigten Deutschland. Jedes Jahr feiern wir an diesem Datum den Tag der Deutschen Einheit.

Welche Personen kennst du, die die Wiedervereinigung Deutschlands miterlebt haben? Frage nach, an was sie sich erinnern können.

Leben in der BRD

Viele Kinder in der BRD waren Mitglieder in unterschiedlichen Vereinen, in denen sie z.B. Sport trieben oder musizierten. Wer nicht in einem Verein war, hatte andere Möglichkeiten, seinen Hobbys nachzugehen.

Vereine

Parteien

In der BRD gab es verschiedene Parteien. Die Bürger konnten die Partei wählen, die ihre Interessen am besten vertrat. Im Artikel 5 des Grundgesetzes war festgelegt, dass jeder das Recht hatte, seine Meinung zu äußern.

Einkaufen

In den Geschäften der BRD wurde das Warenangebot immer umfangreicher. Es gab mehr zu kaufen, als benötigt wurde.

Geld

Die Währung der BRD war die Deutsche Mark. 100 Pfennig waren eine Mark.

Sandmännchen

Am 29. Oktober 1962 erschien das West-Sandmännchen zum ersten Mal im Fernsehen der BRD. Nach der Wiedervereinigung Deutschlands wurde die Sendung nicht mehr gezeigt.

Leben in der DDR

Pioniere

Fast alle Kinder in der DDR waren Mitglieder bei den Jungpionieren (bis zur 3. Klasse) oder bei den Thälmannpionieren (ab der 4. Klasse). Die Pioniergruppen trafen sich regelmäßig, um gemeinsam etwas zu unternehmen.

Partei

In der DDR regierte als einzige Partei die SED. Menschen, die Kritik äußerten, wurden bestraft. Um herauszufinden, wer anderer Meinung war, wurden die Bürger ausspioniert. Die Spione – auch Spitzel genannt – arbeiteten für das Ministerium für Staatssicherheit (Stasi).

Einkaufen

In den Geschäften der DDR waren die Waren günstig, aber nicht alles war immer erhältlich. Wenn bestimmte Artikel dann angeboten wurden, bildeten sich deshalb oft lange Schlangen vor den Geschäften.

Geld

Die Währung der DDR war die Mark der DDR. 100 Pfennig waren eine DDR-Mark.

Sandmännchen

Das Sandmännchen erschien zum ersten Mal am 22. November 1959 im DDR-Fernsehen. Heute kann man die Sendung immer noch sehen. Fast jeder in Deutschland kennt das Sandmännchen.

Damals – heute – morgen

Welche Fotos gehören zusammen? Finde Paare.

Beschreibe das Klassenzimmer der Zukunft.

Male dein Auto der Zukunft. Schreibe dazu, welche Funktionen es haben soll.

Was hat sich beim Auto und beim Haus für den Umweltschutz verbessert? Was muss sich noch verändern, damit unsere Umwelt erhalten bleibt?

Hat sich alles verbessert? Welche Vorteile gab es vor 100 Jahren? Was ist heute besser?

Werde selber Architekt. Entwirf dein Haus der Zukunft und baue es aus Schachteln, Kartons und Dosen.

Wie stellst du dir dein Leben vor, wenn du erwachsen bist: Wie soll deine Familie aussehen? Wo möchtest du wohnen? Welchen Beruf möchtest du ausüben? Welche Erfindungen wünschst du dir?

Vergleiche Familien vor hundert Jahren mit deiner Familie.

Nutztier Schaf

Das Schaf gehört zu den ältesten Haustieren. Bereits vor etwa 10.000 Jahren hielt man Schafe. Fleisch und Milch dienten der Nahrung, die Wolle und das Fell nutzte man für Kleidung. Das europäische Hausschaf stammt vom Mufflon ab.

Mufflon

Einmal im Jahr wird das Fell des Schafes geschoren. Der Wollertrag eines Schafes liegt im Jahr bei etwa 5 kg. Besonders fein und weich ist die Wolle des Merinoschafes.

Merinoschaf

Schafe wachsen sehr schnell. Ein Lamm nimmt am Tag etwa 400 g an Gewicht zu. Da das Fleisch von Lämmern besser schmeckt, werden die Tiere nach 6 bis 8 Monaten geschlachtet. Ihr Fleisch ist sehr mager und reich an Nährstoffen.

Milchschafe

Heidschnucke

Schon vor Tausenden von Jahren wurde die Schafsmilch vom Menschen als Nahrung genutzt. Ein Schaf gibt am Tag etwa 2 Liter Milch. Schafsmilch wird heute vor allem zur Herstellung von Käse verwendet.

Schafherden sorgen dafür, dass die Weiden nicht verwalden, das heißt, dass dort keine Sträucher und Bäume wachsen. Landschaften wie die Heide könnten ohne Schafe nicht fortbestehen. Auch zum Schutz der Deiche werden Schafe eingesetzt, da sie das Gras kurz halten und durch ihren Tritt den Boden verfestigen.

Schwarzkopfschaf

Warum gibt es verschiedene Schafrassen?
Suche weitere Informationen und erstelle Steckbriefe.

Vom Rohstoff zum Produkt – heute

Die Schafe werden ein- oder zweimal im Jahr geschoren. Der Schafscherer arbeitet mit einer elektrischen Schermaschine. Er muss aufpassen, das Schaf nicht zu verletzen.

Nach dem Scheren wird die Wolle nach ihrer Feinheit sortiert. Die beste Wolle befindet sich an den Schultern des Schafes.

Ein Wollvlies wiegt nach dem Scheren etwa 5 kg. Ein großer Teil davon sind Schmutz und Wollfett. Sie werden durch eine schonende Wäsche entfernt. Nach dem Waschen wiegt das Wollvlies nur noch etwa die Hälfte.

Das Wollfett (Lanolin) wird für Pflegeprodukte wie Seife oder Cremes weiterverarbeitet.

Die Wolle wird zu großen Ballen verpackt und an Fabriken geliefert, die die Wolle weiterverarbeiten. Die meiste Wolle kommt aus Australien.

Mit einer Kardiermaschine werden die Wollflocken der Rohwolle aufgelockert und die einzelnen Wollfasern geordnet. Die gekämmte Wolle wird in schmale Bänder geteilt, zu einem Faden versponnen und aufgewickelt. Für das fertige Garn werden meist mehrere Fäden miteinander verdreht.

In der Färberei wird das Garn oder der fertige Stoff gefärbt.

An großen Maschinen werden die Stoffe gewebt oder gestrickt.

Aus den Stoffen können nun Kleidungsstücke gefertigt werden. Welche Produkte aus Wolle kennst du?

Vom Rohstoff zum Produkt – früher

Als es noch keine Maschinen gab, wurde die Wolle in Handarbeit verarbeitet. Die Schafe wurden mit Scheren geschoren. Anschließend wurde die Wolle in großen Bottichen gewaschen.

Nach dem Trocknen mussten die Fasern der Wolle geordnet werden. Dies geschah durch Kämmen, das man auch Kardieren nennt. Man verwendete zwei Drahtkämme oder eine einfache Maschine, bei der zwei mit Nadeln besetzte Rollen gegeneinander gedreht werden.

Auf der Abbildung siehst du eine Distel, die Karde. Kannst du erklären, was diese Distel mit dem Begriff „kardieren" zu tun hat?

Das Kardieren könnt ihr selber ausprobieren: Besorgt euch gewaschene Rohwolle und zwei alte Haarbürsten. Legt die Wolle auf eine der Bürsten und zieht die andere darüber. Dabei dürft ihr immer nur in eine Richtung arbeiten.

Die geordneten Fasern konnten nun versponnen werden. Mit einem Spinnrad oder einer Spindel wurde die Wolle zu einem Faden verdreht.

Die Wolle wurde zu Strängen gewickelt. Daraus konnte man Kleidung stricken oder an einem Webstuhl Stoffe weben.

Probiert aus, wie die Wolle zum Faden wird. Am besten arbeitet ihr zu zweit: Ein Kind hält die gekämmte Wolle, das andere zupft einige Fasern ein Stück weit heraus und verdreht sie. Das erste Kind muss nun immer ein bisschen Wolle nachreichen, damit der Faden nicht reißt. Wer schafft den längsten Faden?

Textile Materialien

Wolle

Wolle wird durch das Scheren des Fells von Tieren gewonnen.

Baumwolle

Baumwolle wird von einem Strauch gewonnen. Nach der Blüte des Baumwollstrauches bilden sich Samenkapseln. Wenn die Samen reif sind, springt die Kapsel auf und die Samenhaare quellen heraus und können geerntet werden.

Seide

Seide wird aus dem Kokon des Maulbeerspinners (ein Schmetterling) gewonnen. Die Seidenraupe spinnt sich 30 Tage nach dem Schlüpfen mit einem etwa 3000 m langen Faden ein. Dieser Faden wird zu Seide versponnen.

Chemiefaser

Chemiefasern werden aus einem Zellulose- oder Kunststoffbrei hergestellt. Der Brei wird durch feine Düsen gepresst, sodass ein Faden entsteht. Chemiefasern sind z.B. Polyacryl und Viskose.

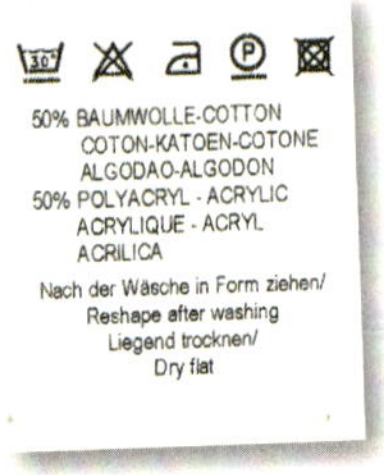

Woraus besteht deine Kleidung?

Es gibt noch viele andere Fasern. Informiere dich und finde heraus, was daraus hergestellt wird.

Aus pflanzlichen, tierischen und synthetischen Fasern lassen sich verschiedene Stoffe herstellen:

Auch du kannst Stoffe herstellen.
Welches Werkzeug brauchst du dazu?
Sammelt verschiedene Stoffe und vergleicht ihre Eigenschaften.

Welcher Stoff hält warm?

Fülle in mehrere gleich große Gläser die gleiche Menge heißes Wasser.
Wickele die Gläser in unterschiedliche Stoffe.
Miss nach einer Viertelstunde die Temperatur des Wassers.
Führe weitere Messungen durch.
Schreibe das Ergebnis deiner Messungen in einer Tabelle auf.

Tauche die Stoffe in Wasser und führe den Versuch nochmals durch. Was stellst du fest?

Welche Stoffe eignen sich für welche Kleidung besonders gut?

Kleider machen Leute

Steinzeit

Die älteste Kleidung wurde aus Pelzen und Leder sowie aus Pflanzenfasern hergestellt.

Römische Antike

Die Toga durften nur römische Bürger tragen. An der Farbe ließ sich ihr Status erkennen. Eine weiße Toga mit einem Purpurstreifen war den höchsten Staatsmännern und Priestern vorbehalten.

Mittelalter

Die Kleidung der Edelleute wurde aus kostbaren Stoffen in leuchtenden Farben gefertigt. Eine Kleiderordnung schrieb dem einfachen Volk vor, grobe Stoffe zu verwenden und auf Schmuck zu verzichten.

Rokoko

Die Damen am Hof des französischen Königs trugen Reifröcke, die so breit waren, dass sie nur seitwärts durch die Türen gehen konnten. Zu besonderen Festen ließen sie sich riesige Frisuren machen, die so schwer waren, dass sie einen Diener brauchten, der sie beim Gehen stützte.

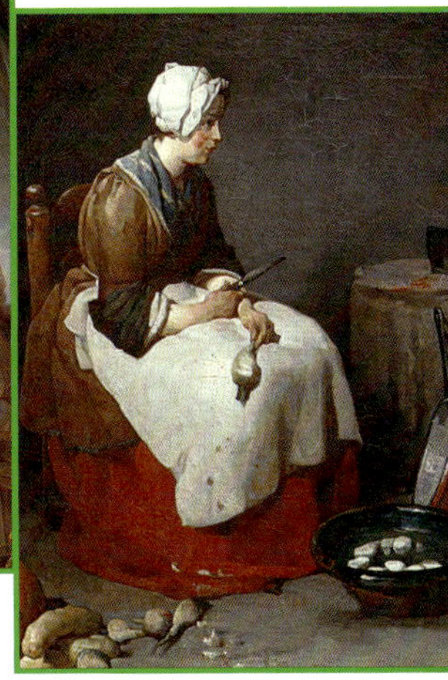

1900

Ende des 19. Jahrhunderts trugen die Frauen der vornehmen Gesellschaft Korsetts, die sie so sehr einschnürten, dass sie sich damit kaum bewegen konnten.

Heute

Was für Kleidung wird heute getragen?
Entwirf deine eigene Kleidung. Sammle Stoffreste, schneide Kleidungsstücke aus und klebe sie zu einer Textilcollage zusammen.

In allen Epochen gab es für die Menschen unterschiedliche Kleidung.
Warum war das so? Wie ist es heute?
Was bedeutet der Satz „Kleider machen Leute“?

Der Weg einer Jeans um die Welt

Viele Marken verkaufen ihre Kleidung auf der ganzen Welt.
Welche Vorteile hat das?
Welche Nachteile hat das?
Welche Marken kennst du?

Einen Anzug zu nähen kostet:
in Deutschland: 70 Euro
in der Türkei: 19 Euro
in China: 7 Euro
Wer hier einen Anzug im Geschäft kauft, muss dafür etwa 140 Euro zahlen.
Was fällt dir auf?

Wo kauft ihr ein? Was geschieht mit eurer Kleidung, wenn ihr sie nicht mehr braucht?

Die meiste Kleidung, die wir bei uns kaufen können, wird in anderen Ländern, z.B. in China oder Indien genäht. Oft arbeiten auch Kinder in den Fabriken. Warum wird die Kleidung nicht bei uns genäht? Woher kommt deine Kleidung?

Ein Teil der Kleidung, die wir in die Altkleidersammlung geben, wird in Afrika weiterverkauft. Dort sind viele Menschen zu arm, um sich neue Kleidung zu kaufen. Außerdem wollen viele lieber westliche als traditionelle Kleidung tragen.

Beschreibe den Weg einer Jeans.

Der Wasserkreislauf

Die verdunsteten Wasserteilchen steigen höher und kühlen ab. Sie kondensieren, d.h. sie werden wieder flüssig. Es enstehen Wolken.

Wenn die Wasserteilchen in den Wolken zu groß und zu schwer geworden sind, fallen sie als Regen, Hagel oder Schnee auf die Erde. Das nennt man auch Niederschlag.

Ein Teil des Niederschlags fließt in Flüsse und Seen. Der andere Teil versickert im Boden. Dort wird er von Pflanzen aufgenommen oder er sammelt sich als Grundwasser.

Verschwindet das Wasser einfach im Boden?

1. Baue dein eigenes Bodenschichtmodell wie hier abgebildet.
2. Was passiert mit dem Wasser? Vermute und beobachte.
3. Führe den Versuch auch mit anderen Materialien durch. Was stellst du fest?

Alles Wasser, oder?

Festes Wasser

1. Fülle zwei gleich große Gläser mit der gleichen Menge Wasser. Markiere den Wasserstand.
2. Stelle eines der Gläser über Nacht in den Gefrierschrank. Vergleiche die beiden Gläser miteinander. Was stellst du fest? Findest du eine Erklärung?

Wasser in Bewegung

1. Gib ein paar Wassertropfen in ein Glas und schraube es fest zu.
2. Erwärme das Glas über einer brennenden Kerze. Vermute zuerst und beobachte dann, was passiert.
3. Schraube den Deckel ab und schaue ihn genau an. Findest du eine Erklärung?

Wasser aus dem Nichts

1. Fülle ein Marmeladenglas mit mindestens sechs Eiswürfeln und schraube es zu.
2. Trockne das Glas von außen gut ab.
3. Streiche nach ein paar Minuten über das Glas an einer Stelle, an der sich innen Eiswürfel befinden. Was siehst und fühlst du? Findest du eine Erklärung?

Festes Wasser

Wasser wird fest, wenn es auf 0° Celsius (Gefrierpunkt) oder darunter abkühlt: Das Wasser gefriert. Festes Wasser nennt man Eis. Im Winter fällt Regen oft als Schnee. Schneeflocken sind gefrorene Regentropfen.

Gasförmiges Wasser

Wasser kann auch unsichtbar in die Luft aufsteigen: Das Wasser verdunstet. Es ist dann gasförmig.
Wenn man Wasser in einem Topf erwärmt, kann man sehen, wie der Wasserdampf in die Luft steigt. Das geht umso schneller, je wärmer das Wasser ist.

Flüssiges Wasser

Wenn wir von Wasser sprechen, meinen wir in der Regel Wasser in flüssigem Zustand. Wasser ist farblos, geruchlos und geschmacklos. Wasser in gasförmigem Zustand wird durch Abkühlung wieder flüssig: Das Wasser kondensiert.

Wasserversorgung

Jeden Tag benötigen wir große Mengen sauberen Trinkwassers.
Woher kommt dieses Wasser eigentlich?
Eine der Quellen für unser Trinkwasser ist das **Grundwasser**.
Senkrecht in die Erde gesetzte **Tiefbrunnen** befördern das Wasser mit **Tauchpumpen** in den **Brunnenschacht**. Von dort wird es weiter ins Wasserwerk gepumpt. Im **Wasserwerk** wird das Grundwasser sehr gründlich gereinigt und zu Trinkwasser aufbereitet.
Dieses Trinkwasser wird gespeichert. Von **Hochbehältern** aus oder mithilfe starker Pumpanlagen wird das Wasser in die einzelnen Häuser transportiert.

In manchen Gegenden Deutschlands kommt das Wasser nicht aus einem Brunnen, sondern aus einer Quelle, einem Fluss oder einem Stausee.
In dem Text auf der linken Seite sind einige Wörter fett gedruckt. Findet die Dinge, die damit gemeint sind, in der Abbildung.
Versucht, die Begriffe mit eigenen Worten zu erklären. Erkundigt euch, wie die Wasserversorgung bei euch funktioniert.

Wasserentsorgung

Heute leitet man Abwasser nicht mehr ungereinigt in Flüsse oder Bäche. Seitdem im vorletzten Jahrhundert die Städte schnell größer wurden, wurde es notwendig, die Kanalisation auszubauen. Am Ende des 19. Jahrhunderts entstanden die ersten Klärwerke.
Die Kanalisation benötigt man, um Abwässer zur Kläranlage zu transportieren. Jedes Abflussrohr, zum Beispiel das von der Toilette, der Dusche oder dem Waschbecken, führt in einen Abwasserkanal. Deshalb gibt es unter jeder Ortschaft ein ganzes System von Abwasserkanälen. Kleine, schmale Kanäle führen von den Häusern weg in immer größere, breitere Kanäle, die das Abwasser zur Kläranlage leiten. Dort wird das Abwasser gereinigt. Anschließend ist das Wasser sauber, aber es ist kein Trinkwasser. Es kann wieder in Bäche oder Flüsse geleitet werden.

Erkundigt euch, wo sich die nächste Kläranlage befindet.
In welches Gewässer wird das geklärte Wasser geleitet?

Verbundene Röhren

Ihr braucht:
- gefärbtes Wasser
- einen durchsichtigen Schlauch
- 2 Trichter

1. Einer von euch hält den Schlauch wie ein U.
2. Mit dem Trichter füllt der andere etwas Wasser in den Schlauch.
3. Was passiert, wenn ihr die Schlauchenden anhebt oder absenkt?
4. Könnt ihr erklären, was dieser Versuch mit Wasserleitungen zu tun hat?

■ Legt den Schlauch über ein Buch oder einen Ordner. Was passiert jetzt?

Befindet sich im Abflussrohr des Waschbeckens Wasser? Male ein Abflussrohr und zeichne das Wasser darin ein. Warum ist das Abflussrohr so geformt?

In der Kläranlage

Rechen

Grobe Abfälle werden mit dem Rechen herausgesiebt. Dabei handelt es sich leider auch um Dinge, die eigentlich nicht in die Toilette gehören.

Sandfang

Hier fließt das Abwasser sehr langsam. So können sich schwere Bestandteile wie zum Beispiel Sand am Boden absetzen.

Vorklärbecken

Auch in dieser Phase sinken noch Verschmutzungen zu Boden. Alle Stoffe, die an der Oberfläche schwimmen, z.B. Öl, werden mit einem Schieber weggeräumt.

Belebtschlammbecken

Bakterien reinigen das Wasser weiter. Um sie mit Sauerstoff zu versorgen, wird in das Becken Luft geblasen.

Nachklärbecken

Hier wird der Belebtschlamm vom Wasser getrennt. Anschließend kann das Wasser in Flüsse oder Bäche geleitet werden.

Zeichnet eine Kläranlage mit den einzelnen Schritten.

Wasser reinigen

Stellt in einem Behälter Schmutzwasser aus Papierresten, Holzstücken, Erde, Sand, Spülmittel, Farbe, Öl und anderem, was euch einfällt, her.

Versucht, mit den abgebildeten Hilfsmitteln das Schmutzwasser zu reinigen. Denkt dabei auch an die Schritte in der Kläranlage.

Ist euer Schmutzwasser so sauber, dass ihr es in einen Fluss schütten könnt? Wohin mit dem Schlamm?

Der in der Kläranlage entstandene Schlamm und die anderen festen Schmutzteile werden in einem Faulturm gesammelt. Dort faulen sie. Es entstehen Gase. Diese Gase werden zur Gewinnung elektrischer Energie und zum Heizen genutzt. Der gefaulte Schlamm wird getrocknet und verbrannt oder zur Düngung weiterverwendet.

Wasser ist lebensnotwendig

Alle Menschen, Tiere und Pflanzen brauchen Wasser zum Leben. Ein Mensch kann im Notfall einen ganzen Monat lang hungern, aber ohne Wasser ist er schon nach wenigen Tagen verdurstet.

Für uns ist es selbstverständlich, dass immer sauberes Wasser aus der Leitung kommt. So vergessen wir oft sehr leicht, welche große Bedeutung Wasser für den Menschen und alles Leben auf der Erde hat. In vielen Ländern der Erde gibt es nur sehr wenig Wasser. Man muss tiefe Brunnen bohren und das Wasser mit viel Mühe nach oben transportieren. Danach muss es oft noch kilometerweit getragen werden.

Wasser geht nie wirklich verloren. Es befindet sich in einem unendlichen Kreislauf. Aber es dauert sehr lange, bis verschmutztes Wasser wieder sauber ist. Man kann in sehr kurzer Zeit einen Grundwasserspeicher leer pumpen, der sich über Jahrtausende gefüllt hat. Bis der Speicher wieder gefüllt ist, dauert es dann aber genauso lange. So viel Zeit haben wir nicht.

Daher ist Wassermangel nicht nur ein Problem für Menschen, die in Gebieten leben, in denen es kaum regnet. Außerdem: Je stärker wir das Wasser verschmutzen, desto schlechter wird die Wasserqualität. In einer Kläranlage können nämlich nicht alle Schmutzstoffe herausgefiltert werden.

Deshalb müssen wir sorgfältig mit unserem Wasser umgehen.

Wie wird das Wetter?

Bevor es regelmäßige Wettervorhersagen gab, haben Bauernregeln den Menschen geholfen.

Kennst du noch andere Bauernregeln?

Wenn die Schwalben
niedrig fliegen,
werden wir bald
Regen kriegen.

Bleiben jetzt die Schwalben lange,
sei vor dem Winter nicht bange.

Wenn's im Mai viel regnet,
ist das Jahr gesegnet.

Ist der April zu schön,
kann im Mai der Schnee
noch wehn.

Abendrot – Gutwetterbot

Wettervorhersagen gibt es jeden Tag im Fernsehen, im Radio, in den Zeitungen und im Internet. Die Informationen für die Vorhersagen werden in Wetterstationen überall auf der Erde gesammelt und von Satelliten aufgenommen, die im Weltraum um die Erde kreisen.

Am Computer erstellen Meteorologen mithilfe der Informationen aus Wetterstationen und Satellitenbildern Wetterkarten.
Darauf findest du diese Zeichen:

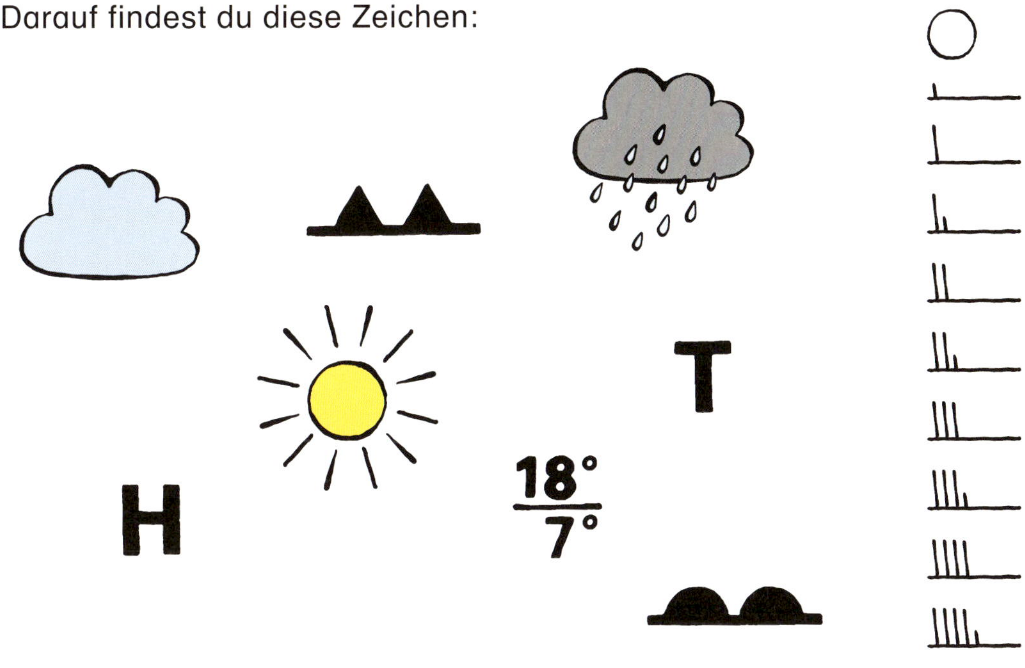

Was bedeuten diese Zeichen?
Sammelt zu ein- und demselben Tag Wetterberichte aus der Zeitung, dem Fernsehen, dem Radio und dem Internet.
Prüft, ob sie übereinstimmen. Waren die Vorhersagen richtig?

Wolken

Wolken sind Wetter-Vorboten. Man unterscheidet verschiedene Wolkenformen, die darüber Auskunft geben können, wie das Wetter wird.

Schäfchenwolken sind häufig Vorboten von schlechtem oder unbeständigem Wetter.

Haufenwolken sind Schönwetterwolken. Sie bilden sich an warmen Tagen und lösen sich auf, wenn es abends kühler wird.

Bewölkung

Die Bewölkung kannst du am Himmel erkennen.
So wird sie in Wettertagebüchern aufgezeichnet:

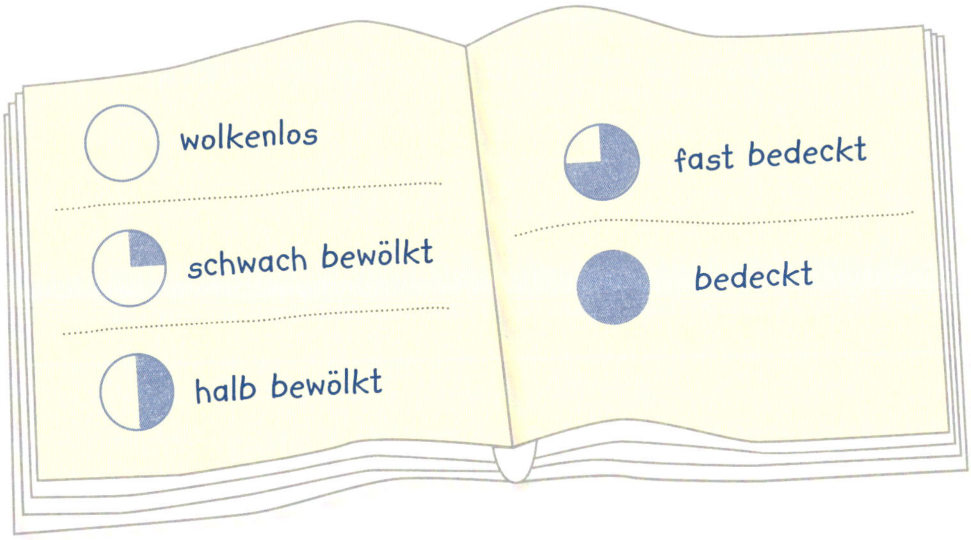

Gewitterwolken

kündigen ein Unwetter mit Blitz, Donner, Regen und Sturmböen an.

Federwolken

sind Vorboten dafür, dass es in 20 bis 40 Stunden regnen wird.

So lässt du eine Wolke entstehen

Du brauchst:

- 1 Glasflasche mit Verschluss

1. Spüle die Flasche mit warmem Wasser aus und verschließe sie.
2. Stelle sie in den Kühlschrank und nimm sie nach einer Stunde wieder heraus. Beobachte deine Flasche.

Niederschlag

Niederschlag ist Wasser, das in fester oder flüssiger Form aus Wolken auf die Erde fällt.

Zu den festen Niederschlägen gehören Schnee, Raureif, Graupel und Hagel. Raureif bildet sich wie Tau an Gegenständen. Graupel sind kleine, gefrorene Regentropfen. Größere Graupelkörner nennt man Hagel. Hagelkörner können so groß werden wie Tennisbälle.

Zu den flüssigen Niederschlägen gehören Regen, Tau und Nebel. Die Wassertropfen in der Luft setzen sich auf der Erde an kalten Flächen als Tau ab. Nebel entsteht, wenn unsichtbare Wassertröpfchen über dem Boden kondensieren. Das heißt, eigentlich ist Nebel nichts anderes als eine Wolke, die direkt über dem Boden schwebt.

So baust du einen Niederschlagsmesser

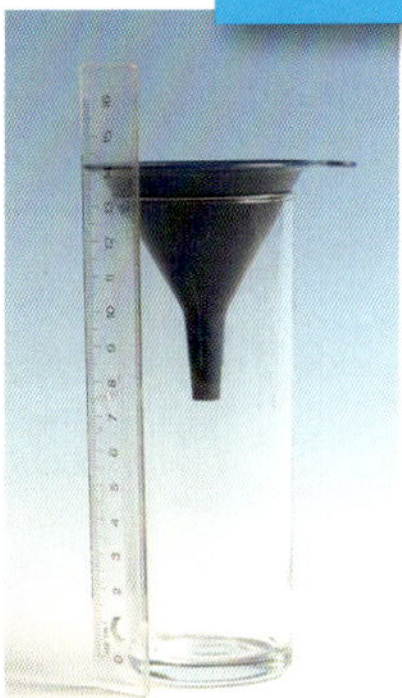

Du brauchst:
- Glas mit geraden Wänden und ebenem Boden, zum Beispiel ein Einmachglas
- einen Trichter
- ein Lineal

1. Befestige das Lineal mit Klebeband außen am Glas.
2. Stelle den Trichter in die Öffnung. Jetzt kannst du an dem Lineal ablesen, wie viel Niederschlag gefallen ist.

So lässt du Nebel entstehen

Du brauchst:
- 1 Glasflasche ohne Verschluss
- 1 Eiswürfel

1. Spüle die Flasche mit heißem Wasser aus.
2. Lege den Eiswürfel auf den Flaschenhals.

So lässt du Raureif entstehen

Du brauchst:
- 1 Metallbecher
- Eiswürfel
- 1 Hammer
- 1 altes Handtuch
- 1 Packung Salz
- 1 Esslöffel

1. Wickle die Eiswürfel in das Handtuch und zerkleinere sie mit einigen Hammerschlägen.
2. Fülle den Becher zur Hälfte mit Eis.
3. Gib 3 Löffel Salz hinzu und rühre gut um.

Wind

Strömungen in der Luft bezeichnen wir als Wind. Durch die Sonne werden Land und Wasser unterschiedlich stark erwärmt. Wenn die Luft warm wird, wird sie leichter und steigt nach oben. Dort, wo die erwärmte Luft war, ist nun Platz für die kalten Luftmassen. Die Luftströmungen zwischen den kalten und warmen Gebieten sind die Winde.

Man unterscheidet Windstärke und Windrichtung. Die Stärke des Windes kannst du mithilfe der Beaufortskala beobachten.

So baust du einen Windstärkemesser

Du brauchst:

- Krepppapier
- Schreibpapier
- dünnen Karton
- Pappe
- Holz oder Hartfaser
- einen Stock
- Band zum Anbinden
- eine Flasche mit Sand

1. Schneide gleich große viereckige Stücke aus Krepppapier, Schreibpapier, Karton, Pappe und Holz (Hartfaser).
2. Binde alle 5 Materialien so an dem Stock fest, wie du es auf dem Bild siehst.

Überlege dir genau, bei welchen Windstärken sich die verschiedenen Materialien bewegen. Vergleiche mit der Beaufortskala.

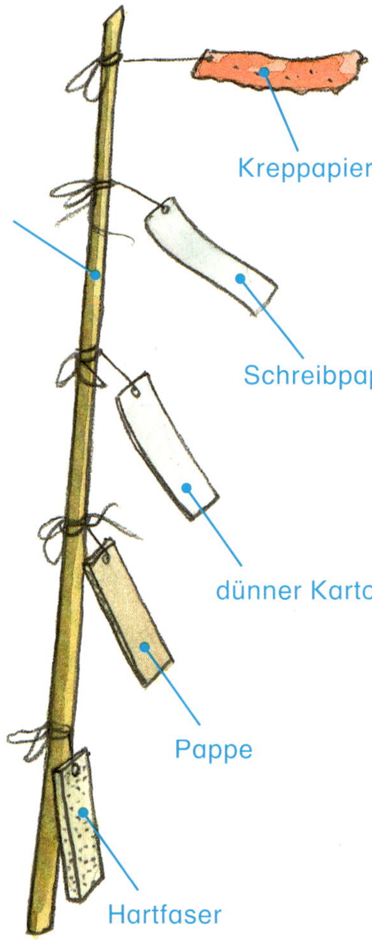

	Beaufort-grad	Baum	km/h	Anzeichen
	1	unbewegt	1–5	Windrichtung durch Zug des Rauches angezeigt
	2	Blätter säuseln	6–11	Wind am Gesicht fühlbar
	3	Dünne Zweige bewegen sich	12–19	Wimpel gestreckt
	4	Bewegt Zweige und dünne Äste	20–28	Hebt Staub und loses Papier
	5	Kleine Laubbäume schwanken	29–38	Schaum-köpfe auf Seen
	6	Starke Äste in Bewegung	39–49	Pfeifen in Telegrafen-leitungen

Die Wetterstation

So baust du einen Windrichtungsmesser

Du brauchst:

- ein Marmeladenglas mit Sand
- festen Draht
- ein Stück Stoff als Fahne
- Klebstoff
- festes Papier
- eine Windrose
- einen Kompass

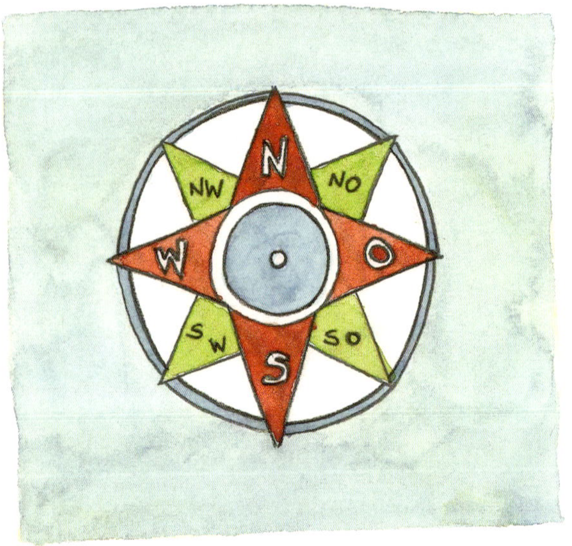

Zum Messen der Windrichtung brauchst du eine Windfahne und eine Windrose.

1. Klebe die Windrose auf festes Papier und schneide sie aus.
2. Klebe sie auf den Glasrand.
3. Stecke den Draht durch die Mitte der Windrose.
4. Befestige die Fahne oben am Draht.
5. Mit dem Kompass kannst du jetzt deine Wetterfahne ausrichten.

Mit deinen Wettermessgeräten kannst du eine Wetterbeobachtungsstation bauen. Achte darauf, wo du deine Messgeräte aufstellst.

Temperatur

Die Temperatur wird mit einem Thermometer gemessen, das im Schatten hängt. Lies die Temperatur jeden Tag zur gleichen Zeit ab.

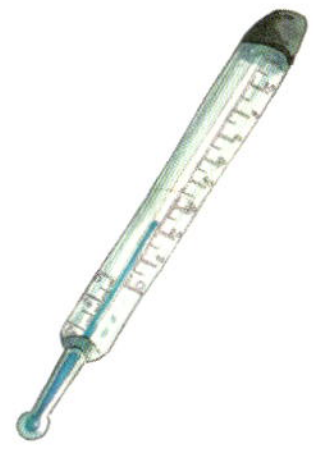

Bewölkung

Die Bewölkung kannst du am Himmel erkennen und mit den Bewölkungszeichen in dein Wettertagebuch eintragen.

Niederschlag

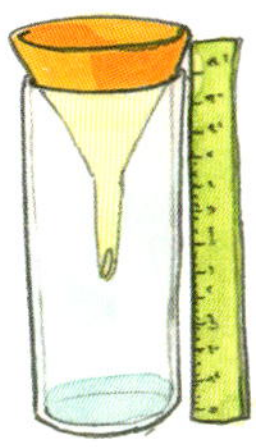

Dein Niederschlagsmesser darf nicht zu nah an der Hauswand oder unter einem Baum stehen. Am besten stellst du ihn auf eine Wiese oder auf einen großen Platz wie den Schulhof.

Windstärke und Windrichtung

Windstärke- und Windrichtungsmesser dürfen nicht an einem windgeschützten Platz stehen.

Führe ein Wettertagebuch:

Datum	Temperatur	Bewölkung	Niederschlag	Windstärke	Windrichtung
18.6.	20°		1 cm	3	SW

Wetter in der Musik

Der Komponist Richard Strauss komponierte ein Musikstück für ein großes Orchester. Er nannte es „Die Alpensinfonie“, weil er mit dieser Musik die Geschichte einer Wanderung in den Alpen erzählen wollte. Dabei ist zu hören, wie ein Gewitter aufzieht.

Richard Strauss war es wichtig, dass man in seiner Musik die verschiedenen Arten des Wetters gut unterscheiden kann. Wie sollte die Musik eurer Meinung nach klingen? Sammelt Begriffe, die die Musik beschreiben.

Hört nun die Abschnitte „Nebel steigen auf“, „Stille vor dem Sturm“ sowie „Gewitter und Sturm“ aus der Sinfonie an. Ordnet Sturm, Blitz und Donner, Regen und Nebel zu. Begründet eure Wahl.

Sturm

Stellt euch vor, ihr seid Bäume im Wald und ein Gewitter zieht auf. Hört, wie der Wind immer stärker wird und bewegt euch passend dazu.

Regen

Erfindet selbst eine Regenmusik. Beginnt dabei mit einzelnen Regentropfen und steigert eure Musik, bis es in Strömen regnet. Verwendet als Instrumente Zeitungen, Steine und alles, was ihr in euren Mäppchen findet.
Könnt ihr eure Komposition auch aufschreiben?
Verwendet verschiedene Zeichen für die verschiedenen Instrumente. Überlegt euch, wie ihr die unterschiedliche Lautstärke und die Geschwindigkeit notieren könnt.
Eure Partitur könnte so aussehen:

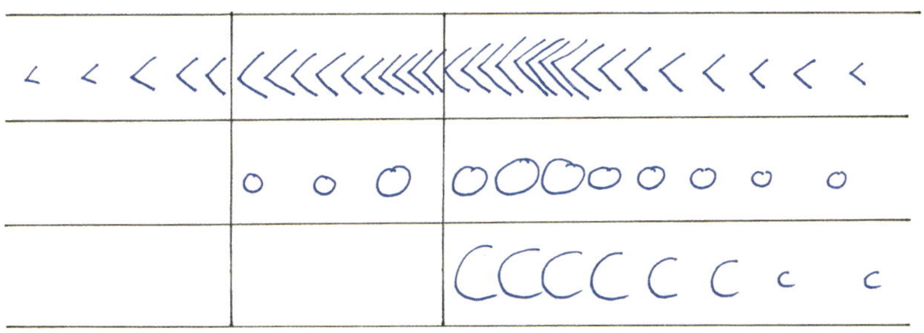

Wie stellt Richard Strauss unterschiedlich starken Regen in der Musik dar? Welches Instrument verwendet er dafür?

Gewitter

Hört euch das Gewitter an.
Woran erkennt ihr Blitz und Donner?
Zählt mit, wie oft ihr einen Blitz hören könnt.
Macht die Blitze sichtbar.
Was fällt euch dabei auf?

Gewässer erleben

Es gibt viele unterschiedliche Arten von Gewässern.
Sie bieten Tieren und Pflanzen wichtigen Lebensraum.
Dabei unterscheidet man fließende und stehende sowie natürliche und von Menschen künstlich angelegte Gewässer.

Ordne zu:

Fluss

Kanal

See

Tümpel

Teich

Talsperre

Bach

Graben

Flüsse und Bäche suchen sich ihren Weg durch die Landschaft. Sie fließen je nach Beschaffenheit ihres Bettes schneller oder langsamer.
Tümpel sind kleine, stehende Gewässer, die nicht sehr tief sind und im Sommer oft austrocknen.
Ein See dagegen ist über 2 Meter tief und so groß, dass meistens nur in Ufernähe Pflanzen wachsen.
Kanäle, Teiche, Gräben und Talsperren werden von Menschen geplant und angelegt.

Welche Gewässer gibt es in deiner Umgebung?
Handelt es sich um fließende oder stehende Gewässer?

Pflanzen in und an Gewässern

Im und am Wasser wachsen viele Pflanzen, die jeweils an ihren speziellen Lebensraum angepasst sind.
Nahe am Wasser ist der Boden nass oder feucht. Hier wachsen die Sumpfpflanzen. Sie vertragen sowohl die Nässe im Boden als auch für kurze Zeit trockene Erde.
Die Schwimmblattpflanzen gedeihen im flachen und im tiefen Wasser. Ihre Blüten und Blätter schwimmen auf der Wasseroberfläche. Die biegsamen Stängel können je nach Wassertiefe bis zu 2,50 Meter lang werden. Ihre Blüten und Blätter sind durch die Wurzeln fest im Boden des Gewässers verankert.
Schwimmpflanzen schwimmen frei an der Wasseroberfläche.
Tauchblattpflanzen wachsen vollständig unter Wasser.

Wo wachsen die abgebildeten Pflanzen?
Handelt es sich um eine Sumpfpflanze, Schwimmblattpflanze, Schwimmpflanze oder Tauchblattpflanze?
Vergleiche die Blätter von Schwimmblattpflanzen und Tauchblattpflanzen.

Sumpfpflanze	Schwimmblattpflanze	Schwimmpflanze	Tauchblattpflanze
Sumpfdotterblume	gelbe Teichrose		

Tiere in und an Gewässern

Gewässer bieten zahlreichen Tieren einen Lebensraum. Allerdings sind nicht alle in gleicher Weise davon abhängig. Manche Tiere können nur im Wasser leben, andere leben zum Teil im Wasser und zum Teil an Land. Wieder andere kommen nur zur Nahrungssuche ins oder ans Wasser.

1 Teichfrosch
2 Kaulquappen vom Teichfrosch
3 Stichling
4 Stockente
5 Wasserläufer
6 Libelle
7 Bachstelze
8 Strudelwurm
9 Fischreiher
10 Mücke
11 Teichmuschel
12 Köcherfliegenlarve
13 Köcherfliege
14 Spitzschlammschnecke

Fische

In fast allen Gewässern der Erde leben Fische. Fische leben ausschließlich im Wasser, aber sie brauchen auch Sauerstoff. Zum Atmen nehmen sie darum mit dem Maul Wasser auf und pressen es dann durch die Kiemen wieder hinaus. Dabei filtern sie den Sauerstoff aus dem Wasser.

Fische sind stromlinienförmig gebaut. Der Körper ist von vielen kleinen Knochenplättchen, den Schuppen, bedeckt. Damit sie schnell durchs Wasser gleiten können, sind sie mit Schleim überzogen. Ihre Flossen können sie wie einen Fächer ausbreiten und wieder zusammenlegen. Mit ihnen steuern sie ihre Bewegungen.

Fische leben von Pflanzen und Tieren im Wasser. Ihre Mäuler haben unterschiedliche Formen. Daran kann man erkennen, wo sie leben.

Fische, die an der Wasseroberfläche leben, haben einen hervorstehenden Unterkiefer. Damit können sie Tiere von der Wasseroberfläche fressen.

Bei Fischen, die auf dem Gewässergrund leben, steht dagegen der Oberkiefer vor, damit sie den Boden nach Nahrung absuchen können.

Fische, die in mittleren Wasserschichten ihre Nahrung suchen, haben gleich ausgeprägte Ober- und Unterkiefer.

Die meisten Fischarten legen ihre Eier einmal im Jahr. Man sagt, sie laichen. Fischreiher, Störche und andere Vögel sind die natürlichen Feinde der Fische. Einige Fische fressen sich aber auch gegenseitig.

Warum können sich Fische im Wasser so gut bewegen?

Du brauchst:
Fischmodell aus Knetmasse,
ein würfelförmiger Körper (Bauklotz),
ein Trichter, Wasser

Gieße mithilfe eines Trichters Wasser über ein Fischmodell und einen würfelförmigen Körper.

Warum können Fische so gut im Wasser gleiten?

Du brauchst:
Fischmodell aus Knetmasse,
ein mit Wasser gefülltes Glasgefäß, Creme

1. Lass das Fischmodell in ein mit Wasser gefülltes Glasgefäß fallen, zuerst mit dem Maul, anschließend mit der Seite voran.
2. Creme deinen Fisch danach ein und führe beide Versuche noch einmal durch.
3. Beobachte jeweils die Eintauchtiefe des Fischmodells.

Was stellst du fest?

Gewässerforscher

Beginnt mit euren Wasser-Beobachtungen besser an flachen Stellen und dort, wo die Strömung nicht zu stark ist. Vorher solltet ihr euch auch informieren, ob ihr an dem Gewässer forschen dürft oder ob es unter Naturschutz steht.

Das könnt ihr untersuchen:

Wasserfärbung

Untersucht das Wasser an verschiedenen Stellen des Gewässers:

- in Ufernähe
- etwas weiter in der Mitte
- dicht an der Wasseroberfläche
- tief unten am Boden

Welche Farbe hat das Wasser?
Ist es klar oder getrübt?
Schaut genau hin. Woran liegt das?

Wassertemperatur

Untersucht das Wasser an verschiedenen Stellen des Gewässers:

- in Ufernähe
- etwas weiter in der Mitte
- dicht an der Wasseroberfläche
- tief unten am Boden
- an einer sonnigen Stelle
- an einer schattigen Stelle

Bindet das Thermometer an eine Schnur, dann könnt ihr es in die Mitte werfen oder in verschiedenen Tiefen messen. Bindet einen Stein an die Schnur, damit das Thermometer auch wirklich sinkt.

Je kälter das Wasser, desto mehr Sauerstoff ist darin enthalten.

Wassertests

Wassergesundheitstest

In stark übersäuertem Wasser können Tiere nicht leben. Haltet das Messstäbchen ins Wasser und schaut auf der Farbskala nach, ob das Gewässer gesund ist.

Ist das Wasser basisch, können Kalk, aber auch Seife und Waschmittel im Wasser enthalten sein. Das mögen die Tiere auch nicht.

Ist das Gewässer gesund, fühlen sich die meisten Wassertiere wohl darin.

Rot:
Das Wasser ist sauer
(das Gleiche passiert, wenn ihr den Streifen in Essig haltet).

Blau:
Das Wasser ist basisch.

Keine oder schwache Färbung:
Das Wasser ist gesund.

Wassertiere

1. Haltet einen Kescher oder ein Sieb mit der Öffnung gegen die Fließrichtung ins Wasser, damit Tiere hineingespült werden können. Schaut auch unter Steinen, im Sand oder zwischen Pflanzen nach.
2. Nehmt die Tiere vorsichtig mit einem Pinsel auf und gebt sie in eure Aufbewahrungsbehälter.
3. Beobachtet die Tiere und bestimmt sie.
4. Setzt sie danach wieder dort aus, wo ihr sie gefunden habt.

Wasserqualität

Ihr habt schon viel über die Qualität des Gewässers erfahren. Die Wasserqualität kann man auch daran erkennen, welche Tiere das Gewässer bewohnen. Viele Tiere brauchen klares, sauberes Wasser. Manche können auch in schmutzigem Wasser leben.

Stellt eine Kiste mit den Materialien, die ihr zum Forschen benötigt, zusammen. Überlegt, wie ihr euch als Gewässerforscher verhalten müsst.

Gewässer in Gefahr

Menschen, Tiere und Pflanzen brauchen sauberes Wasser. Daher muss schmutziges Wasser immer gereinigt werden, bevor es in einen Fluss, Bach oder See gelangen darf.

Das Abladen von Müll an Ufern von Gewässern bedroht das Leben von Pflanzen und Tieren. Schon wenige Tropfen Öl verunreinigen viele Liter Wasser. Es verklebt das Gefieder der Wasservögel und tötet die winzigen Lebewesen im Wasser.

Durch die Begradigung von Flüssen und Bächen haben viele Tiere und Pflanzen ihren Lebensraum verloren. Oft sind kleine Teiche und Gräben zugeschüttet worden, um Verkehrswege zu bauen.

Wie reagieren die Pflanzen?

Du brauchst:
- einige Wasserlinsen aus einem Tümpel oder Teich
- ein Glas mit Leitungswasser
- ein Glas mit Leitungswasser und etwas Blumendünger
- ein Glas mit Wasser aus einem Tümpel oder Teich

1. Verteile die Wasserlinsen gleichmäßig auf die 3 Gläser.
2. Stelle die Gläser an einen hellen Platz.
3. Zähle die Wasserlinsen täglich.
4. Zeichne und schreibe auf, was du beobachtest.
5. Erkläre.

Du brauchst:
- vier Blumen
- ein Glas mit Öl
- ein Glas mit Putzmittel
- ein Glas mit Wasser
- ein Glas mit Wasser und Lebensmittelfarbe

1. Spalte die Stängel der Blumen etwa 2 cm.
2. Stelle jede Blume in ein anderes Glas.
3. Warte ein paar Tage und beobachte, was passiert.
4. Schreibe deine Beobachtungen auf.
5. Erkläre.

Wie können Gewässer geschützt werden?

Unterwegs

Immer weiter – immer schneller – immer besser?

Wie warst du schon unterwegs?
Wie haben sich die Verkehrsmittel im Laufe der Zeit verändert?
Sammelt Vor- und Nachteile der einzelnen Verkehrsmittel.

Verkehrsmittel	Vorteile	Nachteile
Auto		

Fahrräder im Laufe der Zeit

Die erste Gangschaltung wurde **1907** gebaut und hatte 2 Gänge.

1888 wurden die ersten Niederräder gebaut. Sie hatten einen Kettenantrieb, wie ihn heute noch jedes Fahrrad hat.

1870 entwickelte man in England das Hochrad. Es hatte ein sehr großes Vorderrad und ein kleines Hinterrad. Es war aus Stahl und hatte Gummireifen. Ein Hochrad zu fahren war schwierig. Viele Fahrer stürzten.

1817 erfand Karl von Drais das erste bekannte Zweirad. Es wurde Draisine genannt und war vollständig aus Holz gebaut – Reifen, Lenker und Gestell. Pedale und eine Kette hatte die Draisine nicht. Um zu rollen, musste man sich mit den Füßen vom Boden abstoßen. Deshalb bezeichnete man das erste Fahrrad auch als „Laufrad".

2007

2007 wurde das längste Fahrrad der Welt gebaut. Es ist 29,45 Meter lang. Zwei Menschen müssen damit fahren.

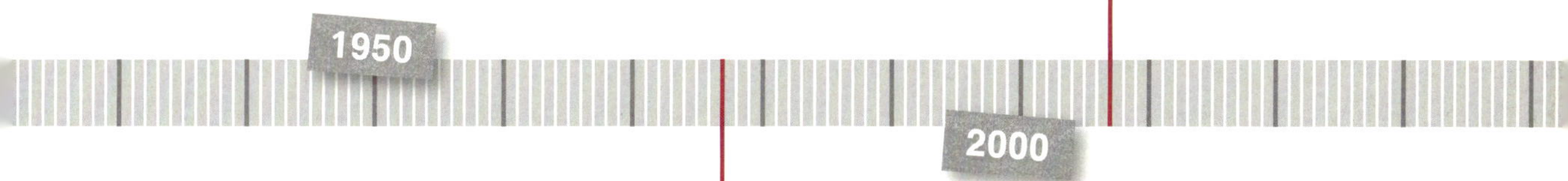

1977

Mountainbikes sind besonders gut für unebenes Gelände geeignet. Das erste Mountainbike wurde **1977** in Amerika gebaut.

Findet weitere Informationen zum Fahrrad.
Heute gibt es viele verschiedene Fahrräder.
Wofür benutzt man sie? Erstellt eine Collage.
Erstellt eine Zeitleiste zur Entwicklung eines anderen Verkehrsmittels.

Das verkehrssichere Fahrrad

Welche Teile brauchst du, damit dein Fahrrad verkehrssicher ist? Kennst du noch weitere Zubehörteile?

Dein Fahrrad sollte regelmäßig gepflegt und gewartet werden. Die Kette benötigt Öl oder Fett. Bremsen und Licht müssen regelmäßig überprüft werden. Die Reifen müssen genügend Profil haben. Die Kette darf nicht durchhängen.

Überprüfe dein Fahrrad auf Verkehrssicherheit.

Nie ohne Helm, aber welcher ist der Richtige?
Ein Fahrradhelm kann einen Unfall zwar nicht vermeiden, aber er kann deinen empfindlichen Kopf vor schweren Verletzungen schützen.

Checkliste

- ✔ richtige Größe
- ✔ drückt nicht
- ✔ Reflektoren
- ✔ passend gestellte Gurte
- ✔ wackelt nicht
- ✔ hell leuchtende Farben

Nach einem Sturz musst du dir auf jeden Fall einen neuen Helm kaufen.

Der Fahrradsong

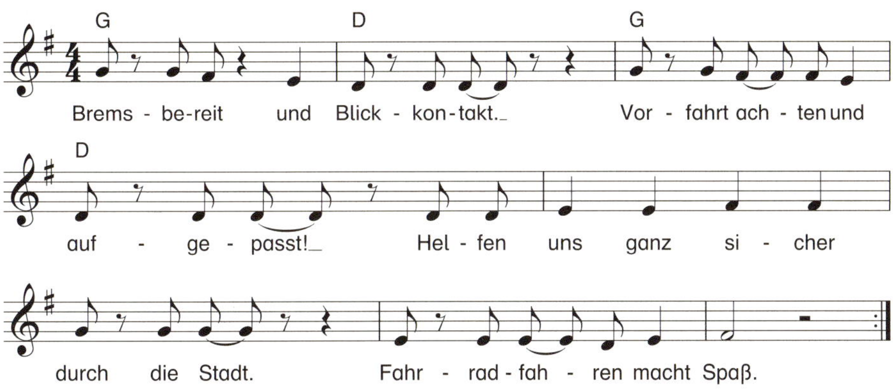

Text: Willi Lersmacher/Musik: Willi Lersmacher, Harald Jöris

1. Rechts vor links lernt man ganz geschwind. Schilder kennt auch jedes Kind. Rot und Grün zeigt die Ampel an. Bei Grün sind wir endlich dran.

   Bremsbereit und Blickkontakt, ...

2. Sei bremsbereit, der nächste Tipp. Dieser Grundsatz hält euch immer fit und bewahrt euch vor dem Crash. Dann habt ihr bestimmt kein Pech.

   Bremsbereit und Blickkontakt, ...

3. Das Coolste ist der Blickkontakt, da siehst du, was der and‘re macht. Dieser Blickkontakt, der zeigt dir dann: Hält der and’re wirklich an?

Sicheres Verhalten im Straßenverkehr

Als Fahrradfahrer solltest du Folgendes können:

- sicher anfahren
- bremsen und anhalten
- einhändig fahren
- Kurven fahren
- langsam fahren und Spur halten
- Hindernisse überwinden
- ausweichen

Wie reagierst du auf die Situationen? Was musst du dabei können?
Sicherheitsabstand ist im Verkehr besonders wichtig. Begründe.

Beschreibt die einzelnen Stationen. Was wird geübt?
Gestaltet euren eigenen Fahrradparcours.
Fallen euch weitere Übungen ein?

Zeichen und Regeln im Verkehr

So steht es in der Straßenverkehrsordnung:

§ 8

(1) An Kreuzungen und Einmündungen hat die Vorfahrt, wer von rechts kommt. Das gilt nicht:

- wenn die Vorfahrt durch Verkehrszeichen besonders geregelt ist.
- für Fahrzeuge, die aus einem Feld- oder Waldweg auf eine andere Straße kommen.

§ 37

(1) Lichtzeichen gehen Vorrangregeln, vorrangregelnden Verkehrsschildern und Fahrbahnmarkierungen vor.

(2) Wechsellichtzeichen haben die Folge Grün – Gelb – Rot – Rot und Gelb (gleichzeitig) – Grün. Rot ist oben, Gelb in der Mitte und Grün unten.

Erkläre den Text in deinen Worten. Auf dem Bild sind verschiedene Zeichen. Suche verschiedene Arten von Zeichen. Für wen gelten sie?

Vorfahrt an der nächsten Kreuzung

Vorfahrt gewähren!

Halt! Vorfahrt gewähren!

Vorfahrtstraße

§ 36

(1) Die Zeichen und Weisungen der Polizeibeamten sind zu befolgen. Sie gehen allen anderen Anordnungen und Regelungen vor, entbinden den Verkehrsteilnehmer jedoch nicht von seiner Sorgfaltspflicht.

(2) An Kreuzungen ordnet an:

1. Seitliches Ausstrecken eines Armes oder beider Arme quer zur Fahrtrichtung: „Halt vor der Kreuzung“. Der Querverkehr ist freigegeben. Hat der Beamte dieses Zeichen gegeben, so gilt es fort, solange er in der gleichen Richtung winkt oder nur seine Grundstellung beibehält. Der freigegebene Verkehr kann nach den Regeln des § 9 abbiegen, nach links jedoch nur, wenn er Schienenfahrzeuge dadurch nicht behindert.
2. Hochheben eines Armes: „Vor der Kreuzung auf das nächste Zeichen warten“, für Verkehrsteilnehmer in der Kreuzung „Kreuzung räumen“.

Du befindest dich immer unten am Schildrand.

An einem Schild hast du Vorfahrt, an dem anderen nicht. Erkläre. Findest du weitere Verkehrsschilder, die für dich als Fahrradfahrer wichtig sind?

Entwirf eigene Situationen und besprich mit einem Partner, wer Vorfahrt hat.

Links abbiegen

Beim Linksabiegen musst du folgende Schritte beachten:

1. Umsehen und den Verkehr beobachten.
2. Handzeichen geben, damit andere Verkehrsteilnehmer wissen, dass du abbiegen willst.
3. In die Straßenmitte einordnen.
4. Bis zur Sichtlinie vorfahren und genau schauen. Vorfahrt rechts vor links beachten.
5. Dem Gegenverkehr Vorfahrt gewähren.
6. Nochmals umschauen und Handzeichen geben.
7. Im großen Bogen abbiegen.
8. Auf Fußgänger achten.

Nenne Möglichkeiten, wie du dein Fahrrad über die Kreuzung schieben kannst.
Übt die einzelnen Schritte im Klassenzimmer.

Vorbeifahren an Hindernissen

1. Beim Heranfahren nach hinten umsehen. Von hinten kann ein Fahrzeug kommen.
2. Handzeichen links geben.
3. Zum Sichtpunkt einordnen, damit du den Gegenverkehr siehst und nochmals umsehen.
4. Auf den Gegenverkehr achten.
5. Mit Sicherheitsabstand vorbeifahren.
6. Handzeichen rechts geben.
7. Wieder nach rechts einordnen.

Schau dir das Bild genau an. Welche Gefahren kannst du erkennen?

An einer Baustelle stehen oft viele Verkehrschilder. Erkläre, was sie bedeuten.

Geburtstagseinladungen

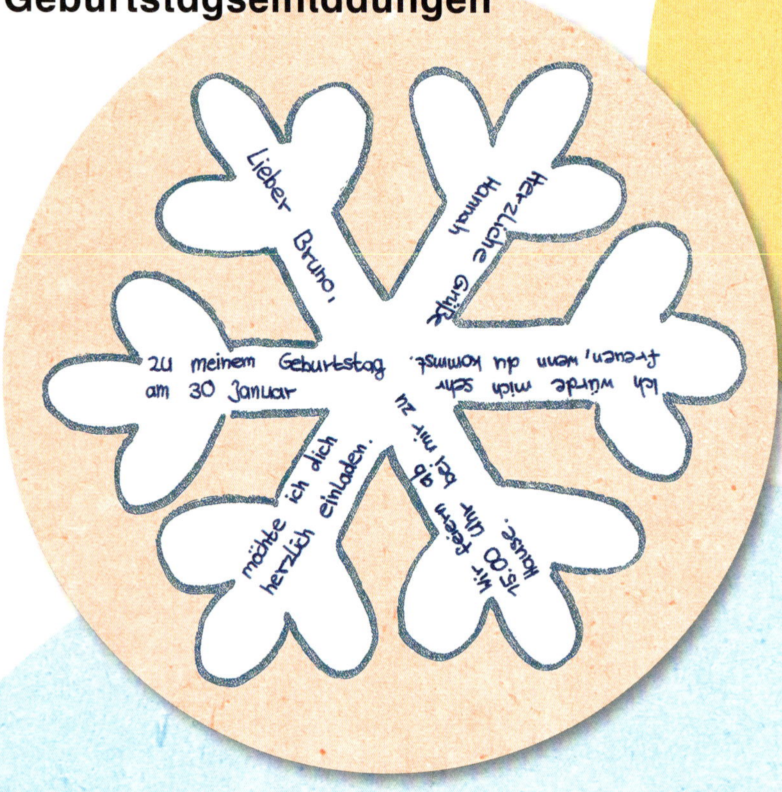

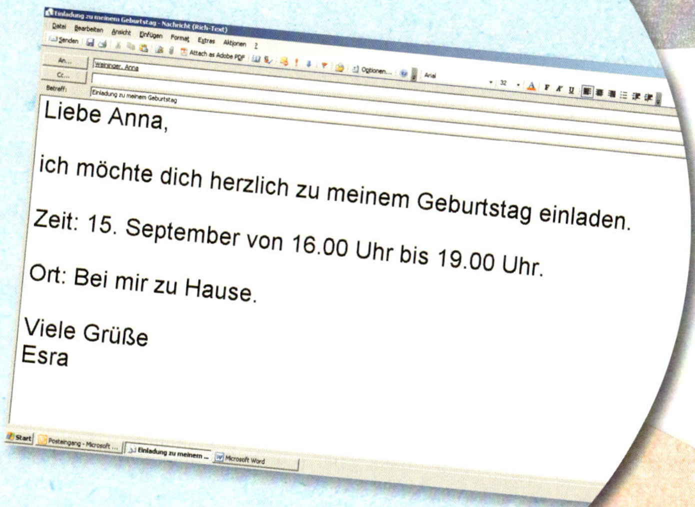
Liebe Anna,

ich möchte dich herzlich zu meinem Geburtstag einladen.

Zeit: 15. September von 16.00 Uhr bis 19.00 Uhr.

Ort: Bei mir zu Hause.

Viele Grüße
Esra

Vergleiche die Einladungen.
Wie würdest du am liebsten eingeladen werden? Warum?

Informationen aus dem Internet

Die Klasse 4c wollte etwas über Japan erfahren. Die Kinder haben im Internet recherchiert. Die interessantesten Informationen haben sie aufgeschrieben.

Geographie – Lage

Japan ist ein Inselstaat im Pazifischen Ozean. Seine vier Hauptinseln heißen Hokkaido, Honsha, Shikoku und Kyusho

http://www.de.emb-japan.go.jp/j info/index.html

Die Nationalhymne heißt „Kimigayo".

http://www.de.emb-japan.go.jp/j__info/flaggehymne.html

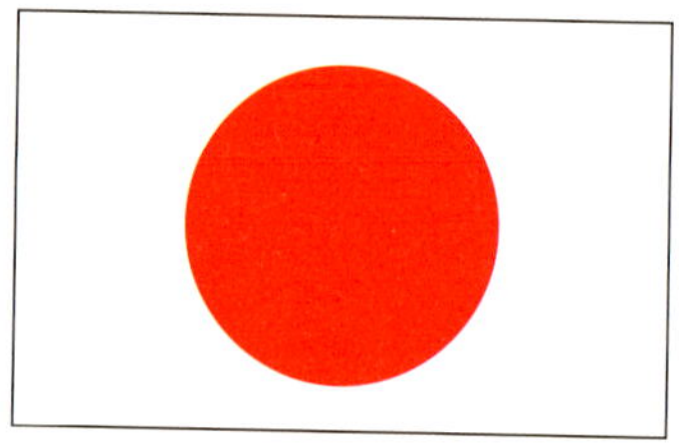

Kirschblütenfest

In Japan feiern die Menschen die Zeit, in der die Kirschbäume blühen. Sie veranstalten Picknicks und Feste unter den blühenden Bäumen.

http://www.br-online.de/kinder/fragen-verstehen/wissen/2004/00493/

Schule

Die Kinder in Japan werden mit sechs Jahren eingeschult. In der Schule haben sie ähnliche Fächer wie wir und natürlich Japanischunterricht. Außerdem lernen sie traditionelle japanische Künste, z.B. Origami.

http://web-japan.org/kidsweb/explore/german/germany/de__schools.html

Wohnen
Am Eingang einer Wohnung ziehen die Japaner ihre Schuhe aus, damit die Wohnung nicht beschmutzt wird. Die Wohnungen sind häufig mit Matten aus Reisstroh (Tatami) ausgelegt.

http://web-japan.org/kidsweb/explore/german/germany/de__housing.html

Kleidung

Die traditionelle Kleidung in Japan ist der Kimono

http://web-japan.org/kidsweb/explore/germany/de.housing.html

Japan

Typische japanische Gerichte
Okonomiyaki: Japanische Eierkuchen mit Kohl und verschiedenen Zutaten
Sushi: roher Fisch oder Gemüse auf gesäuertem Reis
Tempura: frittierte Meeresfrüchte oder Gemüse
Teriyaki: mariniertes Fleisch
Gegessen wird mit Stäbchen.

http://de.wikipedia.org/wiki/Japanische__K%C3%BCche

Schriftzeichen

木 Baum
雨 Regen
星 Stern

http://www.nihongo4u.de/galerie.htm

In der Bücherei

Die Internetrecherche hat die Kinder der Klasse 4c neugierig auf Japan gemacht. Sie möchten noch mehr über dieses asiatische Land herausfinden. Daher machen sie einen Ausflug in die Stadtbücherei.

Die Kinder finden **Sachbücher** über Japan. Darin steht alles Wissenswerte über das Land. Einige suchen in **Zeitungen** und **Zeitschriften** nach Artikeln über Japan. Moni liest in japanischen **Comics**.

In der **Spielothek** probieren Max und Anna das Spiel Go aus. Das ist ein Spiel, das in Japan sehr beliebt ist.

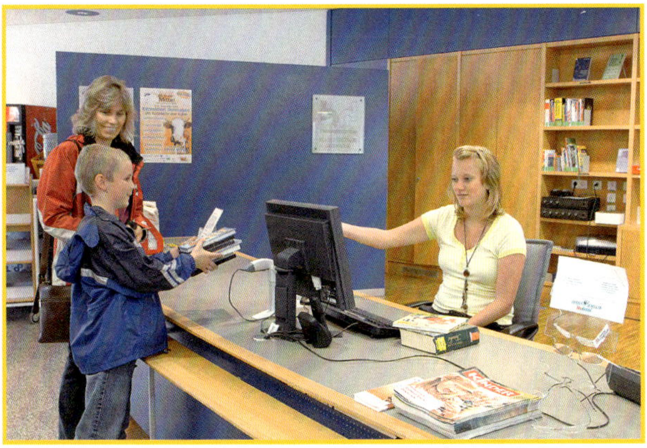

Jonas und Klara suchen **Filme** über Japan. Sie möchten einen **Manga-Film** ausleihen. Es gibt auch **Dokumentarfilme** über Japan. Eva und Yassin finden eine **CD** mit japanischer Musik.

Auf einem Wegweiser entdecken einige Kinder, was es im zweiten Stockwerk noch gibt.

Karten und Stadtpläne
Noten
Software
Internetarbeitsplätze

Wo würdest du lieber einkaufen?

Wo gehst du gerne einkaufen? Warum?

Werbetricks

Schrift

Die Schrift ist häufig sehr auffällig, groß und bunt.

Sprüche

Sprüche sollen bewirken, dass man sich an das Produkt und die Werbung gut erinnert. Sie sind kurz und sehr gut zu merken. Manchmal reimen sie sich.

Superwörter und veränderte Wörter

Häufig werden bekannte Wörter etwas verändert. Oder es werden Wörter zu neuen Wörtern zusammengesetzt. Manchmal werden englische Wörter verwendet, weil sie sich gut anhören.

Musik

Im Fernsehen, Kino, Radio und beim Einkaufen soll passende Musik die Leute in gute Stimmung versetzen.

Werbeversprechen

In den Werbetexten wird versprochen, dass das Produkt besser ist als alle anderen.

Stars

Oft werben Stars für ein Produkt. Alle sollen denken: Wenn der das hat, muss ich das auch haben.

Fotos, Filme und Zeichnungen

Die Abbildungen sollen beim Betrachter angenehme Gefühle hervorrufen. Sie sind zum Beispiel fröhlich, schön, lustig oder aufregend.

Sammle Werbung aus Zeitschriften und Prospekten.
Höre dir Werbung im Radio an. Schaue dir Werbung im Fernsehen und im Internet an. Welche Werbetricks kannst du entdecken?

Warum wird die gleiche Werbung immer wieder gesendet oder gedruckt?

Werbewerkstatt

Werbespot
Spielt einen Werbespot, der euch besonders gut gefällt, nach. Spielt ihn dann so, dass niemand das Produkt kaufen möchte. Ihr könnt das Ganze auch filmen.

Werbeplakate
Organisiert einen Pausenverkauf. Überlegt vorher, was ihr verkaufen wollt. Entwerft Werbeplakate dazu und hängt sie auf.

Werbedetektive
Manchmal erkennt man Werbung sofort. Manchmal fällt sie nicht sofort auf. Schaut genau: Wo findet ihr überall Werbung?

Werbefotos
Macht ein Werbefoto für ein Getränk. Es soll so aussehen, dass jeder das Getränk unbedingt probieren möchte.

Superwörter
Erfindet Werbe-Super-Wörter. Schreibt dazu passende Adjektive und Nomen auf Zettel. Setzt daraus Superwörter zusammen.

Internetwerbung – für wen?
Schaut euch Werbeanzeigen im Internet an. Überlegt, wer das Produkt kaufen soll: Kinder oder Erwachsene, Männer oder Frauen, Sportler oder Heimwerker, ...

Sprüche und Lieder aus der Werbung
Nehmt Werbesprüche und Lieder auf. Denkt euch eigene Sprüche und Lieder aus.

Register

Quellenverzeichnis

S. 5 Was soll das bedeuten. Volkstümlich – S. 34 Matthias Claudius/Johann Abraham P. Schulz, Der Mond ist aufgegangen – S. 36 Der Winter ist vorüber. Aus dem Tessin, dt. Textfassung: Kurt Suttner. Edition Hieber im Allegra-Musikverlag: Frankfurt/Main: o.J.; Johann Gaudenz von Salis-Seewis/Johann Friedrich Reichardt, Bunt sind schon die Wälder – S. 37 Christian Morgenstern, Die zwei Wurzeln; S. 56 August Heinrich Hoffmann von Fallersleben/ Joseph Haydn, Einigkeit und Recht und Freiheit – S. 65 Cesar Bresgen, Lachend lachend, lachend kommt der Sommer. Aus: Unser fröhlicher Gesell. Voggenreiter Verlag: Bonn 1956 – S. 81 Felicitas Kukuck, Es führt über den Main. Möseler Verlag: Wolfenbüttel 1952 – S. 129 Volker Rosin, Theo, Theo. Aus: Volker Rosin, Discobär und Hexentanz. MOON RECORDS-Verlag, Düsseldorf[6] 2006 – S. 148 Andreas Ebert, Kindermutmachlied. Aus: Meine Lieder – Deine Lieder. Hänssler-Verlag: D-71087 Holzgerlingen 2004 – S. 217 Wilhelm Lersmacher/Harald Jöris, Der Fahrradsong

Bildquellenverzeichnis

S. 4.1 (USA): Fotolia; 4.2 (Samoa): Fotolia; 4.3 (Brasilien): Stefano Paterna – S. 5.1 (Schweden): The Image Works/Visum; 5.2 (Deutschland): A1 Pix/ CLS; 5.3 (Israel): picture-alliance/dpa; 5.4 (Kenia): Schapowalow/Robert Harding; 5.5 (Japan): ASK/Visum – S. 6.1: Das Fotoarchiv/M. Matzel, 6:2. Vario Images; 6.3: Blickwinkel/McPhoto – S. 7.1: Mauritius Images/Uppercut Independent; 6.2: Alimdi.net/L. Gigerichova; 7.3: S. Nanda/Majority World – S. 8/9: Johann Jilka, Altenstadt – S. 11: Bärbel Blasch, Büren – S. 14.1: Image/Schöning; 14.2, 3: Keystone/J. Zick; 14.4: Ecopix; 14.5, 6, 7: Fotolia; 14.8: Peter Wirtz, Dormagen – S. 19.1, 2: picture-alliance/dpa; 19.3: Vario Images; 19.4: Die Bildstelle/Rex Features Ltd.; 19.5: Jürgen Christ, Köln; 19.6: Mark Edwards/Still Pictures – S. 20.1: Simone/Helga Lade; 20.2: Vario Images – S. 21.1: Vision Photos/H. Lerch; 21.2: Fotofeeling/Westend61 – S. 24.1: R. Bender/Okapia; 24.2, 3, 4: Fotolia; 24.5: picture-alliance/Hippocampus Bildarchiv; 24.6: Blickwinkel/A. Jagel; 24.7: F1 online; 24.8: Imago/A. Krause; 24.9: Reinhard Eisele – S. 25.1, 3: Fotolia; 25.2: Vario Images/ Imagebroker; 25.4: Blickwinkel/E. Kajan; 25.5: Hans Reinhard/Okapia – S. 26/27: Arco Images/NPL (1); Fotolia (2), (3), (a), (d); Blickwinkel/K. Thomas (b); J.D. Godet (g) + (h); Mediacolors/Wild (c); Vario Images (4) – S. 37.1: Peter Wirtz, Dormagen; 37.2: Steffi Portenhauser, München – S. 38.1, 3, 4, 5, 6: Fotolia; 38.2: Vario Images – S. 40/41: Gerhard Launer WFL-GmbH, 97228 Rottendorf – S. 42: Heidrun Rebenstorff, Günzburg – S. 44: Gerhard Launer WFL-GmbH, 97228 Rottendorf – Seite 48: © Kompass-Karten GmbH, Rum/Innsbruck (Ausschnitt aus Kompass-Karte K349 Alpenpanorama von Prof. H.C. Berann; Lizenz-Nr. 81-1209-LAB) – S. 50: Heidrun Rebenstorff, Günzburg – S. 51: © Kompass-Karten GmbH, Rum/Innsbruck (Ausschnitt aus Wanderkarte Nr. 834 Mosel-Region/Trier; Lizenz-Nr. 75-1210-LAB) – S. 53 © GeoBasis-DE/L VermGeoRP2010-07-30 – S. 58.1: Still Pictures/S. Sprague; 58.2: Alamy/Bill Bachman – S. 59.3: Biosphoto/J.-Jaques Alcalay; 59.4: Alamy/David R. Frazier Photolibrary, Inc. – S. 60.1: Caro/Ruffer; 60.2: Intro/S. Kiefer; 60.3: Fotolia; 60.4: Caro/Teschner; 60.5: Fotex Medien Agentur – S. 61.1: picture-alliance/dpa; 61.2: Image Source; 61.3: Joerg Sarbach, Bremen; 61.4: Images Source; 61.5: Intro/S. Kiefer – S. 62, 63: Heidrun Rebenstorff, Günzburg – S. 64.1: Fotolia; 64.2: Bildag. Geduldig; 64.3: Nigel Cattlin/Holt Studios/Okapia – S. 65.1: ImagoJ. Koehler; 65.2: Die Bildstelle; 65.3: Fotolia – S. 67.1: Keystone/Ch. Jablinski; 67.2: Nigel Cattlin/Holt Studios/Okapia – S. 68.1: Intro/S. Kiefer; 68.2: picture-alliance/ZB; 68.3: Laif/R. Frommann – S. 69.4: © 2005 Chr. Kruska/Ag. Focus; 69.5: G. Petersen/Joker; 69.6: Vario Images – S. 71.1, 2: Monika Herb, Kaufbeuren; 71.3: Artothek/VG Bild-Kunst, Bonn 2009 – S. 73.1: Fotolia; 73.2: Keystone/V. Schulz; 73.3: Avatra/R. Fischer; 73.4, 6: Istockphoto; 73.5: Vario Images – S. 74/75 (Gummibärchen): Fotolia – S. 75: Peter Wirtz, Dormagen – S. 76.1: Ullstein Bild/Roger Viollet; 76.2: Ullstein Bild/NMSI/Science Museum – S. 77: Ullstein Bild/Impact – S. 78.1: Bildagentur-online/Guichaoua; 78.2: Bildag. Huber; 78.3: Bildag. Geduldig – S. 80: Fotolia – S. 82.1: Mauritius Images/Dr. Jochen Müller; 82.2, 3, 4, 5: Fotolia – S. 83.1, 2, 3: Fotolia; 83.4: Bilderbox; 83.5: The Image Works/Visum; 83.6: Fotolia – S. 85, 87: Peter Wirtz, Dormagen – S. 88: Johann Jilka, Altenstadt – S. 89.1: Peter Wirtz, Dormagen; 89.2: Vario Images/M. Kasalo; 89.3: Bamboo/Helga Lade; 89.4: Istockphoto; 89.5: Fotolia – S. 90.1: picture-alliance/dpa; 90.2: Bilderbox; 90.3: Vario Images/ Imagebroker; 90.4: Fire Foto/Thomas Gaulke – S. 91.1: A1Pix/REO; 91.2: Alimdi.net/O. Brandt; 91.3: Fotolia; 91.4: Coverspot – S. 92.4 (Glas): Fotolia, 92.5 (Magnet): Istockphoto; alle anderen: Almut Jegodtka, München – S. 93: Almut Jegodtka, München – S. 94: Levy/Phototake/Okapia – S. 95.1: Mauritius Images; 95.2, 3, 4: Almut Jegodtka, München; 95.5, 6: Steffi Portenhauser, München; 95.7: Fotolia – S. 96: F1online/Paul – S. 97.1: Picture Press/R. Fellinger; 97.2: Sea Tops; 97.3: SSPL/Science Museum; 97.4: akg-images – S. 101.1: R. Eisele/Project Photos; 101.2: Fotolia; 101.3: Bilderbox; 101.4: Rainer Weisflog – S. 102.1: Fotolia; 102.2: Stills-online; 102.3, 4, 5: Fotolia; 102.6: Almut Jegodtka, München – S. 103.1: Cornelsen Verlagsarchiv/H. Waßmann; 103.2: Peter Wirtz, Dormagen – S. 105, 106: Peter Wirtz, Dormagen – S. 107: Almut Jegodtka, München – S. 108: Dirk Vogel/Visum – S. 112.1: Fotolia; 112.2: Almut Jegodtka, München – S. 117: Heidrun Rebenstorff, Günzburg – S. 118.1: Lonely Planet Images; 118.2: Fotolia; 118.3: Alimdi.net/M. Bail; 118.4: Argus/Raupach; 118.5: Imago/Imagebroker/Bail; 118.6: Joker/K.-H. Hick; 118.7: Argus/Andrews – S. 121: Peter Wirtz, Dormagen – S. 122, 123: Peter Wirtz, Dormagen – S. 128.1: Johann Jilka, Altenstadt; 128.2: Mauritius Images/A. Pöhlmann – S. 130.1: Plainpicture/Leander; 130.2: F1online/Glowimages – S. 131.1, 2: Fotolia; 131.3: Outdoor Archiv/P. Cenini – S. 132. 1, 2, 3, 5: Fotolia; 132.4: Juniors Bildarchiv – S. 133: Agentur Focus/Th. Hegenbart – S. 134: Bildagentur Geduldig – S. 135: Bridgeman/ © Successió Miró/VG Bild-Kunst, Bonn 2009 – S. 136.1: Vario Images; 136.2. (Braille-Alphabet): Almut Jegodtka, München – S. 137.1: picture-alliance/dpa; 137.2: Fotolia; 137.3, 4: Almut Jegodtka, München – S. 141.1, 4: Fotolia; 141.2: Bilderbox; 141.3: Imago/Bonn-Sequenz, 141.5: Caro/Oberhäuser – S. 144: Herbert Herrmann, Meerbusch – S. 146: picture-alliance/dpa – S. 147.1: Ag. Focus/SPL/Dr. G. Moscoso; 147.2: Ag. Focus/ SPL/Nestle/Petit Format; 147.3: Anatomical Travelogue/NAS/Okapia; 147.4: Plainpicture/T. Adel – S. 148.1: Argus/Schroeder; 148.2: Stock4B/J. Malcher; 148.3, 6: Fotolia; 148.4: Blickwinkel/McPhoto; 148.5: Joerg Lantelmé, Kassel – S. 152, 153 (Wappen): Ullstein Bild/Archiv Gerstenberg – S. 156.1: akg-images/G. Schütz; 156.2: Landesarchiv Berlin/H. Siegmann – S. 157.1: picture-alliance/dpa; 157.2: picture-alliance/ZB; 157.3: Ullstein Bild/Bodig – S. 158.1: Ullstein Bild/W. Otto; 158.2: bpk/H. Hubmann; 158.3: picture-alliance/dpa; 158.4: epd-Bild – S. 159.1: Hans Peter Stiebing, Berlin; 159.2: Ostkreuz/H. Hauswald; 159.3: Vario Images; 159.4, 5: picture-alliance/ZB – S. 160.1: Caro/Oberhäuser; 160.2: akg-images; 160.3: Interfoto/TV-yesterday; 160.4: Vario Images; 160.5: Bilderbox; 160.6: bpk/H. Rückwardt – S. 161.1: Mauritius Images/A. Pöhlmann; 161.2: Ullstein Bild; 161.3: picture-alliance; 161.4, 5: akg-images; 161.6: M. Niehues/advantage media services – S. 162.1, 3: Fotolia; 162.2: Juniors Bildarchiv – S. 163.1: Vario Images; S. 163.2: Juniors Bildarchiv – S. 164.1: Fotoagentur Altro; 164.2: Laif/Emmler – S. 165.1, 4: Keystone/J. Zick; 165.2: W. Bachmeier, Ebersberg; 165.3: Joker/C. Rühmekorf – S. 166.1: SZ-Photo/SSPL/Science Museum; 166.2: Eberhard Grames; 166.3: Biosphoto/J.-L. Klein & M.-L. Hubert; 166.4: Schapowalow/Oettel – S. 167.1: Andrea Schicker, Wörlitz; 167.2: Hanna Wagner, Woerth; 167.3: Bildagentur-online; 167.4: Alimdi.net/K. Moebus – S. 168.1: Alimdi.net/W. Diederich; 168.2: Fotolia; 168.3: Caro/Rodriguez; 168.4: © BASF; 168.5, 6, 7: Almut Jegodtka, München – S. 169: Fotolia – S. 170.1: Südtiroler Achäologiemuseum; 170.2 links: Aisa, rechts: The Art Archive; 170.3: aus: Margaret Scott, Medieval Dress and Fashion. The British Library 2007, Add. MS 18852, f. 5) – S. 171.1: akg-images; 171.2 links: akg. images/E. Lessing, rechts: akg-images; 171.3 links: bpk/J.J. Fitz, rechts: Ullstein Bild – S. 172: typothese.at/Südwind Agentur/www.cleanclothes.at – S. 177.1: Wildlife/S. Muller; 177.2: Wolfgang Filser, Arzbach; 177.3: Paul Springett/Still Pictures – S. 180: Vario Images/Imagebroker – S. 181: Peter Menzel, Esslingen – S. 182.1: picture-alliance/Keystone; 182.2: Helga Lade/H.R. Bramaz; 182.3: picture-alliance/ZB; 182.4, 5: Caro/Oberhäuser – S. 183: Peter Wirtz, Dormagen – S. 184.1: Caro/Trappe; 184.2: Minden Pictures/Masterfile – S. 185.1: Alimdi.net/K. Kreder; 185.2: Argus/Frischmuth – S. 186.1: Okapia/R. Bernhardt; 186.2: Vario Images/Firstlight; 186.3: AP Photo/Deutscher Wetterdienst – S. 187.1: Masterfile/D. Leniuk; 187.2: Vario Images/fo-to-begsteiger – S. 188.1: Bilderbox; 188.2: Helga Lade/picture-alliance – S. 189: Superbild/Sunset Paris; 189.2: Panthermedia/A1Pix – S. 190.1: bw Photoagentur/Delta; 190.2: Juniors Bildarchiv; 190.3: Lauf/T. Gerber; 190.4: ddp/ colourpress.com; 190.5: Ambient Pictures; 190.6: Superbild/Reso – S. 191: Peter Wirtz, Dormagen – S. 196: Ferdinand Schmutzer/www.anzenberger-gallery.com/Austrian National Library – S. 198/199.1: Bildagentur Huber; 198/199.2: Andia.fr/Euroluftbild.de; 198/199.3: Visum/buchcover.com/M. Franz; 198/199.4: Avenue Images/Index Stock/D. Ball; 198/199.5: Stockmaritime/H. Genthe; 198/199.6: Uwe Schmid, Duisburg; 198/199.7: Okapia/H. Reinhard; 198/199.8: Arco Images/C. Huetter – S. 204.1: G. Meszaros/Nature Source/Ag. Focus; 204.2: Lauf/G. Martin; 204.3: Okapia/A. Hartl – S. 206, 207, 208, 209: Johann Jilka, Altenstadt – S. 210.1: F1online/ Uselmann Foto Design; 210.2: Biosphoto/Ch.-G. Quillivic; 210.3: Fotolia – S. 211.1: Wildlife/D. Harms; 211.2: Peter Wirtz, Dormagen – S. 212.1: Vario Images/Imagebroker; 212.2, 4: Fotolia; 212.3: Voller Ernst; 212.5: MEV Verlag, Augsburg – S. 213.1: Bildagentur Geduldig; 212.2: Helga Lade/K. Roehrig; 213.3: Fotolia – S. 215.1: Reuters/Paul Vreeker; 215.2: Vario Images/ McPhoto – S. 216: Heinz Kettler GmbH & Co. KG, Ense-Parsit – S. 217.1, 2: Almut Jegodtka, München; 217.3: Istockphoto; 217.4: Steffi Portenhauser, München – S. 224: Almut Jegodtka, München – S. 226: Fotolia – S. 228.1, 2: Peter Wirtz, Dormagen; 228.3: © 1994 Gosho AOYAMA/Shogakukan Inc./ Egmont Verlagsgesellschaften mbH, Köln; 228.4: Imago/Camera4 – S. 229.1, 2: Peter Wirtz, Dormagen; 229.3: © 1994 Sony Music Entertainment (Japan) Inc. – S. 234/235: Meike Volk, Frankfurt/M.

Trotz entsprechender Bemühungen ist es nicht in allen Fällen gelungen, den Rechtsinhaber ausfindig zu machen. Gegen Nachweis der Rechte zahlt der Verlag für die Abdruckerlaubnis die gesetzlich geschuldete Vergütung.